真爱的旅程

[美] 克里希那南达 & 阿曼娜 著
莎薇塔 译

漓江出版社

桂图登字：20-2010-358

图书在版编目(CIP)数据

真爱的旅程 / (美) 克里希那南达著, (美) 阿曼娜著；莎薇塔译. —— 桂林：漓江出版社, 2011.4（2023.2重印）
ISBN 978-7-5407-5075-6

Ⅰ.①真… Ⅱ.①克… ②阿… ③莎… Ⅲ.①爱情—通俗读物 Ⅳ.①C913.1-49

中国版本图书馆CIP数据核字(2011)第045362号

真爱的旅程
Zhen'ai De Lücheng

作　　者：[美] 克里希那南达　[美] 阿曼娜
译　　者：莎薇塔

出 版 人：刘迪才
策划编辑：符红霞　　责任编辑：符红霞
助理编辑：赵卫平　　装帧设计：李　莹
责任校对：王成成　　责任监印：黄菲菲

出版发行：漓江出版社有限公司
社　　址：广西桂林市南环路22号
邮　　编：541002
发行电话：010-65699511　0773-2583322
传　　真：010-85891290　0773-2582200
邮购热线：0773-2582200
电子信箱：ljcbs@163.com
微信公众号：lijiangpress

印　　制：天津图文方嘉印刷有限公司
开　　本：640 mm × 960 mm　1/16
印　　张：13
字　　数：156千字
版　　次：2011年4月第1版
印　　次：2023年2月第4次印刷
书　　号：ISBN 978-7-5407-5075-6
定　　价：39.80元

推荐序一

解决之道在自身

2010年初，我在情绪非常低落的状况下，参加了作者夫妇在上海举办的“真爱的旅程”工作坊。首先让我印象深刻的就是这对夫妇的能量和气质，真是令人一见倾心。而他们两人的配合度，也真是默契到了极点，让整个工作坊在他们温言柔语的带领下，进行得非常有质感。

我对他们上课方式的灵活和授课内容的简单扼要非常佩服。在很多精心设计的活动中，我一次次体会到自己内在小孩的伤痛，而这一次，我真的学会了什么叫作“与它共处”！5天的课上完后，我才发现以前自己真是会逃。一有旧伤口被挑动了之后，就用各种方式（尤其是各种灵性花招）来躲避。而在这个工作坊里，我被迫去面对它，并且学会了接受它，跟它安静地待在一起。我感觉到了好久不曾有过的喜悦和自由。

为了感谢老师们让我有这么大的收获，我主动提出来要为他们的书写推荐序。书拿来后，我很认真地从头读到尾，觉得非常感动。灵性的道理很多人都会说，但是像两位老师这样自己一步一步走过来，又毫不隐瞒地、真诚地与大家分享自己亲身经验的（好坏都说），算是相当难能可贵的。

很多次我都因被书中的话语打动而掩卷哭泣。让我感动的当然是与我处境相对应的话语，但是真正打动我的是话语后面的那份能量：真诚、慈悲和温柔。

现在最流行的灵性书籍是有关吸引力法则、心灵激励法则之类的书，但是修了这么久的我心里非常清楚，如果我们不能和自己的内在小孩联结上，如果不能看清、面对自己的阴影，那么，再多的财富和名望便都与灵修进程无关，当然，也和我们的喜悦和平安无关。

所以，从我个人的角度来看，这本书真的是可以解决我们所有问题的宝贝书。当然，前提是：如果你准备好要挣脱自己情绪的枷锁以及命运的摆弄，并且厌倦了向他人索取爱、肯定和关怀的话，那这本书就是你正需要的。它一再地提醒我们，人生的各种困境和问题，只有一个解决之道：在自己的身上找寻，其他都是花招、绕路、分心，都是徒劳无功的。

愿和大家共勉。

张德芬：《遇见未知的自己》作者，身心灵作家。

推荐序二

发现真我，活出真爱

我们看似为了解决一些个人或关系中的问题而走上疗愈和心灵成长的道途，并以此为目标。而当我们向前走了一段之后，才会发现，原先的目标在老天的安排中却只是指引和驱动我们的手段，而那终极和真实的目的原来是找寻真我、体验和活出真爱。

每一段人生本质上都是一段真爱的旅程。

这段旅程是一次冒险，虽然会有路标，但没人能给你什么保证，而且一路可能需要去穿越各种意想不到的艰难险阻。无论你的出身如何，性格如何，贫富情况如何，这段旅程都需要你自己一步一步脚踏实地地走出来，没人能够代替。

在这探寻真爱的旅程上，我们会遇到很多人，会经历各种各样的关系。每一段关系都是一个课题，都是一个成长的机会，都是一个祝福，即使这段关系看起来很是灰暗。而我们遇到的每一个人，都是一面镜子，他们在学习自己的人生功课的同时，也一清二楚地照出了我们内在的真善美，以及所有的不完美或需要成长的地方。

没有人能够把任何爱的能量或恨的能量植入我们的内心，形成我们一切内在感觉的能量本来就在我们的内心深处，他人只是反射或激发出这些能量。所以，完全接纳自己，对自己的一切负起全部责任就成为觉醒的重要一步。

而当我们去释放内在过往的伤痛，改写过往基于幻象所产生的信念，而使内在世界发生积极的变化时，外在的生活和关系也会随之而发生积极的变化。就像蜷缩的幼蛹，蜕变成蝴蝶飞向无垠的天空，真实地在人间展翅舞动。

克里希那南达和阿曼娜长期从事疗愈工作，在书中通过大量个人真实生活经验以及个案经验的分享，描述了从破除幻象的信念到树立真实的信任的过程，为我们找回内心的真爱勾勒出了清晰的路线图，让我们在一路上能够走得更明白更有方向感。

找到生命中的真爱，唯一的道途就是找回内心的真我。

这句话是我用生命经验换来的醒悟之语。——当我真正回归爱的源头，修复与原生家庭父母的关系，并建立与自己互信互爱的关系，全然接纳给我生命的父母时，我是如此喜悦地珍爱、接纳自己啊！当我不外求追寻一个白马王子拯救睡美人的童话时，我找回了真我——那个最纯净、善美的本质，而我的真爱就在不经意间，像秋天午后的一道阳光，闪耀在我身上了。

当下这个片刻，对于生活，你品味到什么？

张芝华：《催眠瘦身》作者，知名催眠训练导师。

推荐序三
爱的迷惘

在我多年的教学经验里，我发现人们心中最深的渴望，是对爱的渴望。然而大多数人对爱的概念，来自“自己能为对方做什么”；于是也拿这个标准来衡量对方。许多关于爱的迷惑和冲突就是来自“认为对方做得不够或做得不好”。

为什么关系在一开始可以怎么做都对，而后来怎么做都不对?

我们曾经认为，“爱我就是照我所期望的那样来对待我”。这是一种幻想式的信任，认为幸福的关系是一种持续性的美好感受，好的伴侣就应该正如我想要的样子。可是这种幻想式的信任，终究会在浪漫情怀消逝之后，面临挑战或破灭。因为没有人能真正地符合这样的期待，这种外在经验和内在期待的差异造成很大的不舒适感。如果无法承受这种内在的不安感觉，我们就会试图指责或调整对方成为与我的期待一致的人。而这种改变别人的努力，正是造成关系中最大冲突和痛苦的来源。

爱是一趟内在的旅程

其实，爱的学习，是从期待幻灭之后才真正开始的。

我遇到克里希那南达和阿曼娜的时候，正在经历一个关系中很低潮的过程。他们教导我，我所碰触的痛，并非真正由对方带来的。主要是童年一个关于爱的伤痛，被对方的行为或言语给触发出来。所有的抱怨怪罪，其实是一个不成熟的内在小孩，在寄望有人能用我想要的方式照顾我的感受。

他们告诉我，真正的爱是去体验并拥抱自己的旧痛，在内在找到对自己包容疼惜的能力。这是一种生命真实的信任，信任自己内在那一股对爱充满渴望的生命力，无论情况如何，我都能让生命的尊严和柔软延续下去。于是在关系里，由伴侣必然带出来的任何不适，都是让我能面对自己、完整自己的机会。

换言之：好爱的爱起来很自然，不好爱的还去爱才是真爱。真爱不是某个特定的对象，而是一种内在的承诺。

在爱中亲密

跟别人的疏离，是孤单感最大的来源。我们其实都渴望亲密，只是似乎都不知道方法，结果是大家都以防御或面具相待。**我们必须重新学习这个在学校和社会都忽视了的教导：如何找到自己内在真实的信任，走近彼此。**我认为这是社会走向和谐互助的一个基础学习，这个学习既简单又深刻，每个人都该尽早开始。

我有幸能亲自聆听两位老师的教诲和引领，在中国推广“爱的学习”的理念。希望为这块土地增添多一点爱的滋润。克里希那南达和阿曼娜一直对我强调要“做你所说的”，在本书中，他们以自身的经历和多年教学咨商的经验，娓娓展开了爱的小径上的一路风光，字里行间充满的慈爱和包容，每每令人感受到被了解、被接受的深深感动。

也邀请您走上这一趟爱的旅程。

钱维德：“爱的学习”中国团体带领者。

推荐序四

关怀的力量源自真实的信任

我在关怀教学和体验过程中，经历过自己没有力量去关怀别人时而感觉内疚、关怀的好意竟然不被接受时而感觉愤怒、自己受伤的感觉超出了负荷时甚至久久无法复原、遇到所谓的窘境时不断启动羞愧之感等。于是开始反省：到底自己付出关怀的这个部分，出了什么问题？关怀伦理学的创始人内儿·诺丁斯说：道德的关怀之情是对别人好同时“也对自己好”，可是我常觉得对自己不太好，这到底是怎么回事？

于是我带着一颗不安和疑问的心，参加了“爱的学习”团体工作坊(关于疗愈内在小孩及共依存关系的训练课程)，学习真实的信任。刚开始我像个局外人似的，静观着一个又一个活动的进行，也配合“演出”，活动到一半，需要面对小时候的自己时，竟有点昏睡状态——然而那似乎也是个转折点，之后我开始可以感受自己不自觉受伤的内在小孩，走向渐渐可以一点一滴地照见、愿意去接受自己盲点的部分，偶尔灵光一现，也可以恢复到爱自己也爱别人的生命本质状态，经历到人在爱的空间里，可以享受、自在、流动的感受。

原来心灵的成长需要放下求生机制的防御墙，信任当下，经历与真实自我的声音对话。由其中升起的对自己真实情感的照见，尤其是对受伤的照见，真是困难，因为受伤的源头也是自己生命的源头至亲，那纠葛虽是虚幻的，然而情感却是真实的，真的可以让人的生命僵化停滞、踌躇不前。

但当自己亲自再去看见那虚幻的执着，并在安全的环境中，说出自己的真实感受，并释放自己的愤怒能量时，生命可以自己升起对自己的悲悯和对伤害的放下。这是生命的自愿转化，概念、知识、理性在这里无用武之地。

人的情感记忆，真的就像计算机的压缩文件一样，一旦解压缩才发现：原来还有这么多尚未解决的档案不知不觉地存在内存中，冷不防就会跑出来。当我催促着自己的小孩快去做功课时，他会反弹地说："妈妈，你不是真的信任我！"然后他也会陷入情绪的困扰中。当我学习了虚幻和真实这两种不同的信任观时，我才知道原来我一直在用有条件的信任揠苗助长，还自以为在关怀。这个功课我还在学习中。

亲子之间的亲密关系是每个人成长的动力，而配偶之间的亲密关系则是孩子成长时吸收的养分。这爱的动力和成长养分如果不足或带着污染毒素，幼小的心灵只能没有选择地照单全收。敏感的孩子吸收的是真实的情感和无言的气氛，不是理性的言语和功利的指导。

小孩与父母之间关系出问题，小孩长大了可能做各种防御而无法信任；而父母的人格或关系有问题，即使不是针对幼儿而发，也可能会造成小孩对自我感的虚幻投射和对世界的不信任。虽然这世上没有完美的父母，但尽力面对自己的真实情感，即使不为人父母，也是一辈子的生命功课。生命的教育关于关系之学、体验之学和生命动力之学。

以完形心理学为基础而发展出的内在小孩疗法，通过真实面对自己脆弱的内在以发展出真实的信任感，将它运用在关怀伦理学对关怀关系的诠释上，可以更深化并强化理论的内涵和运用的途径。也就是说对我而言，关怀伦理学给了我理想的目标和架构，而真实信任和面对内在小孩的课题，则帮助我在迈向理想关怀关系的路上，一一检视关系的界限，学习转化不良的关系，并更能去开拓那关怀关系的实践学问。

《真爱的旅程》对我而言，是一本很特别的书。首先，它是由一对同修伴侣共同撰写，我看到当二人经历同一个事件时，两个人有不同的需求和感受，但的确也在分别独立寻求解决的过程中互相尊重，这比裸体相对还要坦诚相见，实属不易。其次，本书运用许多作者自己和别人的经历，提点了我由外在反应，精微地向内看到它与惊吓的联系，它也提供了处理历程的心得分享：先停留在情绪本身，真实面对、与之共处，在抉择之后也需再一次承担抉择后的结果感受。这两步对我而言多少是陌生的，因为我通常习惯直接做理性的判断，而易忽略或跳过情绪中的真实需求——而这是可以练习的——这也让我放心不少，虽然挑战还是很大。

这本书让我学到了：真实的信任和虚幻的信任，在于每个当下一念的澄明。没有成熟的大人，就很难期待小孩能成熟长大，反倒会造成小孩仓促地、不完全地早熟。学习去真实地信任，像是培养一株日渐长大的树苗，看着它许久没有动静，其实正在向下扎根、生成稳固的力量。然而这学习信任的成长历程，却也永远像是搭着一条自由的生命之船，在曲折蜿蜒的河流上载浮载沉地往前划进。

方志华：台北市立教育大学教育学系副教授。

目录

第二部 破除幻象的信任

第四部 信任与智慧

前 言

在我们的生命里，大概没有比信任更重要的课题了。过去，我们不断地学习，而未来我们也将不断地从生命的困境中学习。我们之所以会写下这本书，是因为在多年的自我成长工作以及工作坊的助人工作里，我们发现信任似乎是我们每个人都会遭遇到的课题，同时也是最重大的课题。

这是我们两个人共同书写的第一本书。克里希之前已经出版过两本书，但是在我们一起共同生活了十年，同时共事七年之后，感觉起来我们现在的教学其实是我们两个人共同创造出来的成果。所以，这本书是由我们两个人一起完成的。每当我们书写完成一章，我们就会坐下来讨论，不断地修正，直到我们觉得这个章节已经充分表达了我们想要说的内容。这个书写的过程为时两年，我们在这期间也不断地面对出现在我们两人关系之间的各种课题，而这些课题正和我们所书写的主题息息相关，所以这本书多了不少关于我们自己的小故事。写这本书的过程是个非常美好的经验，它让我们两个人的关系变得更为亲密，也越来越信任彼此。

我们的信任的质量可以借由我们生活的状况来度量：通过我们对自己的爱，通过我们和身边亲友的亲密程度，还有通过我们在生命中所得到的喜悦。成熟的信任是一个人经过内在彩虹般的自我探索历程后的最终结晶，成熟的信任只有在经过深度自我工作之后才会出现。我们可以永无止境地做尽各种形式的治疗工作，挖掘所有童年时期的创伤，但是如果这些工作无法带领我们得到真实的信任，那又有什么意义呢？那只会让我们错失了某种更为重要的东西。我们需要一些方法来帮助我们面对生命中的挑战，迎接生命所抛给我们的变化之球，让我们的心日渐敞开，而不是让心封闭起来。

当我们觉得受伤的时候，我们往往倾向于把自己封闭起来，切断和那些人的联结，但是这么一来我们也同时切断了和自己以及整个宇宙的联结。这种封闭是非常痛苦的。即使我们不让自己去感受这个痛苦，但它却是许多身体及心理疾病的根源。当我们把自己封闭起来时，我们会退缩到一个充满不信任的空间里，并且以一种不信任的眼光来看待生命和周遭的人们。我们就像一只受伤的动物，在洞穴里用怀疑的眼光看着世界。在这样的空间里，我们无法真正清晰地看见我们周遭的人，也因此我们常常会反应过度，或是用各种方法推开那些接近我们的人，好让自己不会再度受到伤害。

当我们像只受伤的动物般躲在不信任的洞穴中时，我们往往会一次又一次地重复同样的负面思想与负面信念。我们会开始习惯生活在抱怨与孤立中，生活在痛苦的循环里，期待别人用某种特定的方式来对待我们，让我们觉得安全，让我们能够鼓起勇气，再次从躲藏的洞穴里出来。但是只要我们的期待落空，就像所有的期待注定会导致失望一样，我们又会再度退缩到自己的洞穴里，认定自己这种不信任的态度是有道理的。结果，我们沉浸在自己的孤独当中，制造出各种理由，不要和人们有任何牵连。但是当我们在洞穴里感到孤单和匮乏时，我们又会再次尝试脱离这个孤立的洞穴，期待这次我们或许会碰到某些让人感到安全的人与事。在这种情况下，我们不只仰赖外界来修护我们的信任，也开始认为自己生命中的养分及快乐取决于外在的事件，而我们的人际关系也由他人对待我们的方式来决定。事实上，这种看待自己以及生命的态度只会创造出更多的苦涩与愤怒，无法帮助我们学习到什么是信任，更别说让信任逐渐生长。

所以我们需要借由某一种架构和了解，帮助我们看到生命里所有的失望、挫折与放弃感，都有着它们自己的价值与意义。好让我们不会因此而日渐萎缩，丧失我们对他人及生命的信任，反而能够在经历过这些造成失望、挫折与放弃的事件之后，变得更为强壮有力。

当我们能够在生命的困境里看见其中属于心灵与情绪上的意义时，我们就能够承受这些伤痛。然后我们的失望与放弃会成为一种挑战，促使我们去发掘真实的信任。这个过程本身就是一趟旅程。

否则，我们的伤口很容易就会变成是一个恐怖而令人难以承受的状况。或许，我们理所当然地认为信任他人是一件不可能的事情；或许我们其实曾经敞开过自己，也曾经有过信任的体验，但是之后的某些事情让我们又再度封闭起来；或许我们在生命的不同阶段里，感受也不停地变化着，有时候我们觉得能够信任他人、信任生命是一件美好的事情，有时候我们又觉得自己是孤单而与世隔绝的。

但是不论我们相信与否，**真实的信任并不需要仰赖外界的任何人事物，而是一种内在深沉的经验，感觉到自己和整个宇宙的联结。**当我们能够拥有这种真实的信任时，这份信任的深度会反映出我们自己意识的状态。真实的信任是一种需要我们努力去发展的特质，当我们能够敞开心，面对生命、面对他人，最终也能够面对自己时，我们会发现自己并不如想象中的那么无助。因为最终说来，我们需要学习的并不是信任他人，而是学习如何信任自己。我们之所以丧失信任，是因为我们在成长过程中从来不曾学习过信任自己。我们不曾学习过如何信任自己的直觉，信任自己的感受和想法。我们也不曾学习到信任自己拥有足够的辨认能力，知道自己在生命中有着什么需求与欲望，知道自己在人际互动中想要些什么，不想要些什么。

在接下来的章节里，我们会依循特定的方向来探讨如何发展出真实的信任。对我们大多数人而言，生活里并没有多少信任。即使我们有某种信任的感觉，那也是一种幻象的信任，而不是真实的信任。幻象的信任是建立在期待与信念上的信任，我们认定生命、宇宙、神，或是其他人应该是什么样子，他们又应该用什么样的方式来对待我们。所以，很自然地，当那些期待落空时，我们的信任也不见了，然后所有的愤怒、怨恨与放弃感会一一地出现。久而久之，我们很容易就落入受害者的角色，认为生命和所有的人都在迫害我们。

我们内在的某个部分生活在这种幻象的信任中，也许这个部分会永远生活在幻象的信任里。这个部分的我们处在一种幼小、天真、受创的状态中，它需要我们的了解与爱。当我们感觉受伤时，这个部分往往会以一种顽强的固执紧抓着怨恨的情绪不放。然而，这个部分并不能代表我们整个人，我们也有另外一个更深沉而有智慧的向度，那就是我们的意识。意识能够帮助我们慢慢地远离期待、谴责以及负面的念头，让我们开始为自己负起责任。意识可以教导我们把失望与挫折的情绪当成是一种机会，让我们得以在其中成长、成熟。意识可以引导我们看到生命其实是充满爱与温暖的，让我们能够在身边的人、朋友、伴侣、孩子与父母身上，看到真实的美，也在生命里感受到这份真实的美。

第一部

我们其实不懂什么是信任

第一章 信任的考验
——学习整合挫折、失望与背叛

我们的内在携带了许多被背叛的伤痕，我们的心也紧抓着那些被背叛的经验，但是我们却不曾觉知到那些伤口还在那里，并且影响着我们现在的生活。然而，当生命带来一些让我们感到挫折、困扰、伤痛，甚至是毁灭性的经验时，这些被背叛的伤口就会再度被唤醒。这些失望常常源自于我们的期待落空，像是当我们觉得被自己深爱或深信不疑的人所背叛或欺骗，或是当我们觉得自己被他人欺压。

我们有一个朋友，她和她的先生在一起已经十二年，她一直认为他是她这一生的挚爱。由于她先生对航海有着无比的热情，所以他计划花三年的时间航行世界一周。虽然她并不特别喜欢航海，但是她也不想和他长久分离，所以她同意放弃他们原有的生活方式，跟着他一起去航海。结果，没有多久，她就开始痛恨这种只能生活在船上狭窄空间里的日子。他们在这段日子里分开，最后也分手了。当然，在他们两人的关系里还有一些其他的因素导致这场分手，但是她却始终认为他们之所以会分手是因为他说服了她，把她带上船去旅行，而她也让自己被他所说服，跟着去旅行。现在她虽然想要展开一段新的关系，但却一直怀抱着对她先生的不满，她不满于他把自己的需要看得比两个人的关系更重要，她同时也生气自己背叛了自己的需要。对她而言，这次分手只是一个恶劣的经验，除此之外什么都不是。

我们还有另外一个朋友，他在许多年的单身之后深深地爱上一名女子，他觉得自己终于找到了今生相属的女人。但是当他开始对她有更多的了解之后，才发现她一直极力隐瞒她的酒瘾现象。除此之外，他也发现她面对生活和人际关系的处理方式非常不负责任。后来，在她说服他为她重新装修房子之后不久，她酗酒的情形越来越明显。他觉得自己被彻底地背叛了。他一直以为他终于找到了他所渴望的亲密关系，终于能够脱离长久的孤单状态，这种想法让他无法看到自己到底选择了一个什么样的关系。对他来说，他是在一种极为突然而且毫无预期的方式下清醒过来，明了到她并不是他想象中的那个人。

我（克里希）也曾经在多年前觉得自己被一个治疗师所背叛。当时我正是咨商训练课里的一名学员，由于训练课程的需要，我去参加那个治疗师所带领的另外一个课程。在那个课程中，她邀请我在所有学员还有她的面前为另外一个人进行咨商。然后她进行教学的方式就是指出我刚才的错误之处，她说我使用的方式正好是治疗工作上的错误方式。根据她的说法，我没有“共鸣”，没有能力去接受并且感受对方的状态，没有办法去欣赏助人工作中的细微之处。或许那真的是她认为最好的一种教学方式，但是我却觉得自己当着所有学员的面被愚弄和贬低了。在那次事件之后很长一段时间，我都觉得非常地受伤，充满愤怒，而再也不愿意在类似的情况中呈现出自己的状态。我生气她那样地贬低我，也生气我没有为自己站出来做任何辩解。

背叛事件之后的常见反应

对于被背叛这种经验，我们最常见的反应方式就是**否认**

（deny）自己受伤了。在我们早期的生命阶段里，假装自己没有受到任何伤害或许是一种有效的方法，它让我们能够调适自己所遭受到的失望与背叛，结果在我们后来的生活中，我们也开始不断地沿用这同样的方法。但是，否认不但不会让伤痛消失，反而会让我们没有空间去消化这个伤痛，更别说从伤痛中成长。除此以外，更糟糕的是当我们否认某件事情时，我们开始变得焦躁易怒，情绪不稳和充满怨恨，然后我们会开始退缩，远离那个让我们感觉受伤的人。这种种反应都显示我们的内在其实已经受到干扰，有些事情需要我们去正视与面对。

除了否认以外，面对挫折、失望与背叛的另一个常见反应就是**放弃（resignation）**。因为我们的期待落空，所以我们对自己说："敞开自己，信任他人，甚至把自己的伤口呈现出来不会有任何的好处，反正没有人能够了解我，也不会有人在意我。"再不然，我们会借由某种宗教概念来逃避，让自己不必去感受到那些失望与伤痛。这种时候常见的句子有："我应该已经进步到能够处理好这种情况""愤怒与伤痛是不成熟的""很显然的，是我自己创造出这种情况，以便得到某些东西"。然而，不论是放弃还是借由某种概念来逃避，它们都和之前的否认一样，对我们没有任何帮助，反而只会毒化、阻碍我们的喜悦与生命能量。

最后，背叛事件后第三种常见的反应方式是**谴责、怨恨和讽刺**那个让我们感到受伤的人或事。我们多数人大概都很熟悉这种方式。有时候我们可以紧紧抓着这种愤怒的感觉许多年，最后让自己变得愤世嫉俗，总是冷嘲热讽地看待生命和他人。但是这种被我们埋藏于内在的愤怒是不健康的，它出现的方式都是间接的，它让我们变得刻薄且充满批判。不论如何，所有以上这些反应都是自然且可以预期的反应方式，只是如果我们没有让自己继续前进的话，我们不但没有办法从这些经验中获得成长，反而会继续停留在受害者的角色里，而不信任的感觉也只会越演越烈，最后我们会不断重演同样的情境。

我们每个人的内在都有着被背叛的伤口，它可能是：

“我觉得没有人支持我”

“我觉得没有人爱我”

“我觉得别人都欺负我、欺骗我、虐待我”

“我觉得没有人了解我”

“我觉得被忽视”

“我觉得被孤立”，等等。

这些被背叛的伤口通常来自童年时期的经验，但是我们常常没有意识到这些经验仍然影响着我们现在的生活。每当我们经验到挫折、失望与背叛时，童年时期被背叛的伤口就再度被引发出来。

被背叛的经验促使我们的意识提升

当我们不断地感受到对某人的挫折、失望以及被背叛的感觉时，我们常常会因此产生极大的情绪。而这样一股情绪的能量往往是如此的令人惊异，又充满了生命力，所以，极为重要的是不要试图去压抑它，也不要试图用任何方法去削弱它。如果我们能够允许自己去感受到这些体验所引发的强烈情绪，那我们已经跨出很重要的一步了。但是我们的工作并不会因此而停在这里，我们还需要能够整合、穿越这些情绪，因为这些体验在我们的内在形成阻碍，影响了我们的成长。

就这个部分而言，我们需要找到一些方法来协助自己。

前不久，我们在澳大利亚拜伦湾（Byron Bay）进行过一次个案。那个个案的案主正经历到严重的打击，因为他的妻子在几个月前带着两个孩子离开他了。他说他们在一起将近十三年，而他们总是一次又一次地为某些琐事争吵不休。现在，他非常后悔自己为什么那么容易被琐事所影响，为什么他总是要证明自己是对的，还不断地质疑她对他的批评。总而言之，他非常后悔自己对待妻子的方式里缺少了爱与敬重。同时，他也看到自己在工作上面对下属时，也经常出现同样的不耐烦和批判。不论是下属还是妻子，只要他们犯错，他都会极其严厉地对待他们，而他的标准又相当的高，所以他们大部分的时候都生活在担心与恐惧中。

他也告诉我们，就他记忆所及，从6岁起，他放学后大部分的空闲时间都在和父亲一起努力工作，为生存而挣扎，但是即使如此，他们最后还是不得不宣告破产。虽然他的父亲觉得自己在生命里是个失败者，但父亲仍然一直带给他极大的压力，要他发奋努力，成为某个领域里的专家。我们帮助他看到，所有那些他加诸他人身上的压力其实正是一面镜子，映照出他给自己的压力，而在这些压力的底下则是深沉的恐惧，害怕自己会变成和父亲一样的失败者。他妻子的离去为他打开了一道门，让他以一种前所未有的方式去检视自己。在那之后，他持续而规律地接受咨商，开始和自己的母亲和姐妹建立起比以往更温暖而且深厚的互动关系，同时他也学习如何去善待职场中的同事，还曾经好好地哭了一场，而那是他成年以后第一次哭泣。

我（阿曼娜）在22岁的时候经历过一次非常巨大的伤痛。在那之前，我在各方面的表现都一直非常优秀，从来没有任何失败的经验。22岁之前我旅行过很多地方，那一年，我觉得是安定下来重回学校的时候了，而当时新闻工作最吸引我的注意力，所以我决定要成为一个新闻工作者。现在的我可以了解到我当时的决定其实来自头脑，它并不真的适合当时的我。结果我在入学考试中失败了，没有办法入学。那对当时的我来说真是一个巨大的打击，我因此受到极大的惊吓，根本没有办法相信会有这种事情发生在我身上。以往的我始终是学校里的第一名，我从来没有想过有人会因为我不够好而拒绝我，那是我没有办法想象的事情。

这次拒绝为我打开了内在某个更为深沉的空间。突然间，我掉进一个黑洞里，觉得自己毫无价值、失败与羞愧，不过那也是我第一次看到自己的限制。其实那是非常健康的经历，现在的我非常感激当时的发生，如果那个时候学校真的让我入学的话，我不知道我现在会变成什么样的人。那次的拒绝让我开始变得人性化，它也打开了我内在的许多感觉。我记得当时我曾经躺在床上哭了好几个小时，而那是我长大之后第一次那样大哭。在那次失败之前，我总是无往不利，从来没有任何事情能够影响我。我在床上啜泣着，觉得自己像是要死了一样，觉得自己再也没有脸去面对这个世界，我的心像是碎了一样地痛了好久。

当时的我不知道发生了什么事情，但是日后当我回顾那段时期，我可以看到自己其实碰触到了内在那个“我没有价值”的核心感觉。我待在那个伤痛里，然后它开始慢慢地减弱。那件事情发生之后不久，我就遇见了我灵性上的师父，开始了我的静心旅程，然后某种我不曾清楚意识到的事情开始自己发生了。感觉起来，那次的失败以及之后深沉的伤痛就像是一个邀请，邀请我进入自己内在的世界。

失望、困扰与背叛的事件提供了成长所需的激励，加速我们意识的提升。

这些经验是生命唤醒我们的方式，让我们知道我们需要开始进行一些内在的工作，深入自己，让自己变得更人性化。所以，当我们知道挫折、困扰或伤痛其实有着深沉的意义时，它也给予我们动机去穿越那些经验。

大学毕业不久之后，我（克里希）交往了三年的女朋友离开了。有好几个月的时间，我都陷在一个充满恐惧、孤单和困惑的空间里。在那段时期中，我没有办法做任何事。事实上，经过三年，我才完全脱离那次分手所带来的伤痛。当时我不能了解我为什么会有这样的反应，因为我们在正式分手前一年已经开始彼此疏远，两人都很清楚这段关系没有办法再进展下去。所以我无法了解为什么还会觉得如此痛苦，而且这种伤痛的感觉还时有时无地持续了将近三年。我有时候几乎以为这个痛永远不会结束，而我再也无法承受下去了。那时候的我对于被抛弃的伤痛实在是一无所知。

当我从那种忧郁和恐慌中复原之后，我开始不断地思索自己到底做错了什么，或者我该怎么做才能和女朋友复合，结果我这种自怜的状况几乎逼疯了我身边所有的人。但是，那段时期的经验给我的内在带来了一些转变，我开始变得比较深沉，以一种难以解释的方式，我找到了自己内在的一个憩息处，让我可以面对任何事情。那就好像我曾经坠落深渊，然后找到了一个可以休息，而且觉得被支持的空间。在那同时，我也开始比较能够以一种不同的眼光来看待这个世界，多了一些慈悲，少了一些天真无知。我从一种像机械人一样，遵从教条、讲求成就、压抑所有不当感觉的生活中清醒过来。从那个时候开始，穿越这种类似的失落经验对我来说变得容易不少。一旦我们从第一次被抛弃的经验中存活下来，之后的类似经验就会变得容易许多。即使一开始仍然会感受到同样的痛苦，但是痛苦的感觉却不再那么具有压倒性，而复原所需要的时间也变得越来越短。

被背叛的经验可以粉碎我们，粉碎掉我们对生命的所有控制和努力，粉碎掉我们对于生命的既定概念，还有粉碎掉那试图搞懂一切事情的狭隘自我。它迫使我们去正视自己内在对生命的深切怀疑与不信任，正视我们内在害怕被全世界所遗弃的恐惧。事实上，我们内在这些部分一直颤抖不已，但我们却对了解它的成因毫无头绪；我们内在这个部分一直有着深沉的恐惧，认定事情一定会出错，认定自己不可能得到安全，没有办法生存下来，也无法得到爱。

我们可以否认自己内在有这样一个惊恐的部分，我们可以耗费许多精力去试图控制所有的事情，好让我们不必去感受那巨大的惊恐。但是，被背叛的体验却会暴露出我们的恐惧，让我们看到自己的信任是如此的微弱，因为它们是生命试图帮助我们发展出真实信任的方式，一种不被任何生命逆境所动摇的真实信任。

第二章 两种不同的信任
——幻象的信任与真实的信任

虽然我们看似昏睡
内在却有一份清醒
引导着我们的梦
终将唤醒我们
看见自己的真实

鲁米（Rumi）

在一个我们最近带领的工作坊当中，一个成员与大家分享了她和男朋友目前的状况，她觉得自己充满了不安全感，因为她觉得他其实被其他女人所吸引，除此之外，她从来不知道自己能不能信任他。虽然她不断地追问他是否与其他女人有感情纠葛，他也一再地否认，但是她仍然感觉极度的不安，觉得自己没有办法相信他。结果工作坊结束之后，她回家发现对方确实和别的女人有染，那段关系已经持续了一段不算短的时间，而她的男朋友要求跟她分手。在这种情况下，她觉得自己被彻底地背叛，同时她觉得自己再也没有办法信任男人了。

当我们支持她去感受这个状况所引发的愤怒与受伤时，我们也同时向她解释，她之前所说的信任与真实的信任毫无关联，那不过是一种幻象的期望罢了。这次的经验虽然非常伤痛，但却也是一份礼物，因为这个经验完全瓦解了她的幻象，帮助她开始信任自己。

以往的她，即使和男朋友待在一起，她也始终觉得自己是孤单的，觉得对方并没有真的和她在一起。不过，当时的她没有选择信任自己的感觉，而是选择相信他一再的保证。她所说的那种“信任”正是我们所说的“幻象的信任”。事实上，这次经验正好帮助她破除这种虚假的信任，重新去发掘什么是真实的信任；也帮助她越来越能够待在自己的感觉里，鼓起勇气去看见周围真实的情况以及他人真实的状态，而不是只看到自己希望的样子。当然，要从幻象中清醒过来往往需要经历一些痛苦。

“幻象的信任”以及“全面的不信任”

基本上说来，**幻象的信任仰赖于别人以及这个世界对待我们的方式。**当某人对待我们的方式吻合我们认为自己应该被对待的方式，或是这个人对待他人的方式符合我们对他的期待时，我们就信任这个人。所以当我们信任某个人的时候，那往往是因为这个人符合我们对他的期待。但是一旦这个人侵犯了我们、伤害了我们的时候，我们就再也不信任“他”或其他任何人。所以严格说起来，这种信任并不是真实的信任，因为这种“信任”或“不信任”完全取决于外在的状态。然而，当我们大多数的人提及“信任”两字的时候，我们所指的就是这个意思。当我们说：“我信任你”或“我信任那个人”的时候，那通常意味着他对待我们的方式让我们觉得可以信任。但大多数的时候，我们并没有真正地去感觉这个人，也没有真正清楚地去看到这个人。在这种情况下，当然这个人迟早会做出某些事情摧毁我们的“信任”。然后当这种被背叛和被侵犯的感觉不断累积到某种程度之后，我们就不再信任任何人，即使我们戴上了“信任”或“敞开”的面具。所以，可以说我们大部分的人都生活在“幻象的信任”以及“全面的不信任”这两种状态里。

通常，我们对“不信任”的看法以及我们对“信任”的了解，都同样地缺乏意识和觉知。**当我们觉得自己再也无法信任某个人的时候，那往往是一种情绪上的反弹，而不是一种成熟的反应。**因为当有人说出或做出某些让我们觉得无法信任的事情时，它引发的是我们内在早已存在的伤口与不信任的空间，就像是打开了我们内在那个不信任的储藏库以及其中积存多年的堆积品。我们把这种再也无法信任的状态称为“全面的不信任（global mistrust）”，因为它是一种主观上不清楚而又模糊的感觉。在情绪上，它沾染了过去所有被背叛与被侵犯的经验，所以它强烈的色彩会影响我们当下的经验。而当这个不信任的空间被引发出来时，它会唤醒我们潜意识里所有被侵犯、被背叛的记忆，特别是我们童年时期的记忆。

我们的不信任感往往是在童年的创伤经验中形成的。随着时光流逝，不信任的感觉变得越来越僵化，它潜藏在我们意识的底层，等着被现在生活中的事件所引发。而通常会引发出这种不信任感的人多半是我们的亲密伴侣、朋友、权威人士、我们的孩子或父母。简而言之，凡是我们投注了许多心血或是我们认为重要的人都很可能会引发这份不信任感，有时甚至连生活中的小事都有可能会引发这些不信任感。当这种不信任的感觉出现时，我们不只是觉得自己现在遭到背叛，我们还会联想到过去所有被背叛的经验。而这种不信任的感觉是如此的强烈，以致它可以轻易摧毁掉我们的工作和亲密关系。也因为我们是如此紧抓着自己的幻象不放，所以每一次新的背叛事件都会在我们受骗的历史上新增一笔记录。

比如说，当某人行为不可靠或行为轻率、粗心大意时，我（克里希）就会觉得非常的不舒服。在我幻象的信任当中，我认为全世界的人都应该是负责任而又细心体贴的。我非常孩子气地不愿放掉这个信念，我坚持人们应该言出必行，并且尊重他人（意思是尊重我），当然，我自己不见得总是能够这样做。在我幻象的信任背后，我又深切地认为（我“全面的不信任”）别人一定不会按照我期望的方式来对待我。所以，当人们真的没有按照我期望的方式来对待我时，我会觉得自己的整个世界都崩毁了，气愤地觉得自己再度被欺骗与背叛。

最近我在我住的小镇的商店里买了一辆二手摩托车，我付了钱，也拿到了收据，但是卖车子的人说他需要一些时间才能让我拿到车子的归属文件。我向来就不喜欢处理任何和车子有关的事情，我很快就觉得麻烦而退缩，所以我没有更进一步询问细节就离开了车行，我非常天真地认为几天后我就会拿到车子的归属文件。但是我花了整整三个星期才拿到那个该死的归属文件，而且还是在打了许多催讨电话，又在他办公室里吼叫了好几次之后才拿到。

这整个事件直接冲击到我幻象的信任以及一个我不愿意放弃的“信念”，那就是：“这个世界是个安全且充满爱心的地方。这个世界是一个你可以放心信任，允许自己脆弱的地方。”我清楚地知道我的情绪上的反弹其实来自过去我没有受到尊重的经验，当然也因为我不愿意放弃我幻象的信任。

在“期望”与“放弃”中摆荡

当我们还生活在幻象的信任当中时，我们会不断在“期望”与“放弃”这两种感觉中来回摆荡。每次当我们进入一段新的人际关系或新的生活情境里时，我们会带着全然乐观的期待与敞开的心情

来迎接它；但是就像是孩子一样，我们盲目地进入这些新的情境里，然后当期待落空时，我们开始感到愤怒而心生放弃。当我们的期望破灭时，取而代之的是一种没有希望、再也无法信任他人的感觉。我们一次又一次地重复这个循环，每一次开始的时候我们都会带着同样孩子气的期望，而每一次的结果都是同样的绝望与放弃。一段时间之后，我们甚至会开始变得厌烦、嘲讽与毫无生命力。当我们待在幻象的状态中时，我们孩子气地相信这个世界上有某个人或某件事能够让我们快乐起来。

要跳脱出这种绝望、怨恨、放弃、苦涩与谴责，我们需要找到一种新的方式来看待生命与他人。在这种新的方式里，我们需要开始正视一项事实，那就是：别人不会按照我们认为对的方式、或我们认为公平的方式来对待我们。生命里的经验有时候是痛苦的，有时候则是极度的失望。换句话说，我们需要开始了解什么样的事情会让我们把心封闭起来，什么样的经验会让我们感到失望与挫折。但是非常矛盾的是，也是这些失望与挫折帮助我们变得成熟、成长，并且开始脱离我们幻象的信任。如果没有这些失望与挫折的经验，我们会一直停留在孩童的状态里，一直怀抱着孩子气的理想与期望。我们通过痛苦与挫折来成长，所以，就意识的层面而言，那其实真的是一个大跃进。当我们有一天能够从怀抱着对生命及他人的期待，来到能够经由失望、挫折而有所成长的阶段时，那么我们会了解生命中的种种事件都是一种深度的滋养，不论那是悲伤、痛苦、失望还是挫折，它们都是我们探索真实信任旅程中的一部分。

真实的信任

真实的信任基于深刻的内在体验，知道自己深受整个宇宙的关注与照顾。信任是一种内在的了解，知道生命中所有的经验，不论正向或负向、愉悦或痛苦，都是我们人类成长过程中不可或缺的一部分。信任也是一种内在的领悟，知道当我们不再与生命中那些恒常不变的痛苦对抗时，这些经验会让我们日渐成熟。透过这种源自于内在的信任，我们能够从最痛苦的阻碍、失败、拒绝中复原，重新站起来，用光明的态度面对生命，继续前进。基本上，这种信任不会受到外界的影响，也不会因为他人的善待或苛求而改变。信任这种内在的深沉质量是外在事物无法触及的。然而，大部分的我们并未拥有这样的信任。当我们还是孩子的时候，我们拥有的是一种宝贵的天真信任，但那份天真与信任不曾接受过任何考验。多年下来，我们大多数的人都已经失去了那份天真。然而，我们孩童时代曾经拥有过的天真信任，确实是有可能蜕变为成熟而真实的信任。根据我们自己的经验，不论我们的孩童时期曾经遭遇过多大的创伤，我们都可以通过诚恳的内在工作发展出这种成熟的信任。

经验到内在真实的信任，并不意味我们永远不会再有“不信任”的感觉，但是当我们感觉到“不信任”的时候，它是一种对于当下情境清晰观察后的平静响应，是根据我们对某人或某个情境的所见所感和经验得到结论：“这个人、这件事或这个地方不够安全，这不是呈现出我脆弱面的时候。”事情可以就是这么简单，不需要任何情绪上的反弹，也不需要为他人的行为感到懊恼。因为我们已经开始明了，当我们向某人敞开自己的时候，没有任何方法能够确保对方会有什么反应。而我们的决定是来自对事实清楚的了解和接纳，而不是出于我们期待事情应当如何的概念。这种清澈的觉知让我们能够分辨什么时候、什么情境是安全的，我们是被接受的，我们可以敞开自己；而在什么样的情况下，我们最好保持封闭。然后更进一步地，当我们越来越能够待在信任的空间里时，即使有人欺骗或错待我们，我们也比较不会让这种“不信任”的感觉影响到自己看待生命、看待他人的态度，而比较能够把这个“不信任”的感觉留在那个特定的事件或情境里。

从“幻象”迈向“真实”的过渡期

要发掘真实的信任，我们必须从再一次信任自己开始。生命、宇宙、神（或任何一个你想用的名词）似乎决心要让我们从幻象中醒过来。它不断地提供各种能够动摇我们希望与期待的处境，就是为了要帮助我们张开双眼，如实地看待生命。

在我们的工作坊中，曾经有一个德国女学员在她工作最风光的时期，离开了她在德国健康保健领域里的专业工作，搬到美国与美籍丈夫同住。她离开了原本充满创意与成功的生活，发现自己突然来到一个全新而奇怪的环境，必须以餐厅服务生之类的工作维生。在美国，她的先生没有提供她所渴望的支持和滋养，相反，他们大部分的时间都在争吵。即使这个德国女学员曾经借助治疗工作坊和静心在自己身上实践过许多年，但是通过搬到美国去的这个举动，她再一次碰到自己内在最深的幻象——期待遇到一个能够注意到她的需求、满足她的需求的男人，而且不只照顾她的需求，对方还要能够帮她一肩扛起生存的重担。在内在深处，她一直希望先生能够给予她在童年时期没有得到的安全感和关怀。但是她并没有从他身上得到这些，所以她为此愤怒不已。

当我们听到这个故事，了解了她的处境之后，我们的感觉是她似乎已经准备好要迎接这个生命带给她的强烈课题，即使那是多么的痛苦与震撼。她已经准备好要放下她的希望与期待，不再期待对方能够弥补她痛苦童年的空虚，而开始试着从自己的内在寻求滋养。她也准备好让自己去看到她先生事实上已经给予的东西，不再只注意那些他无法给予的事物。事实上，她的先生一直按照他自己的方式在爱她，只是她的期望阻碍了她，让她看不到那份爱，也无法接收到那份爱。

或许我们内在某个部分永远也不会停止这种希望与期待，也永远会因为期待落空而愤怒。但即使如此，我们仍然会来到一个阶段，不再让自己内在这个部分控制、带领我们的生命。**一旦我们开始了解幻象的信任与真实的信任之间的差异时，我们就可以觉知到自己何时被幻象的信任所接管。**这份觉知让我们有空隙去看到当下真实的情境，就像是拿掉我们粉红色的眼镜，开始清晰、如实地去看。即使那真相可能是痛苦的，但最终我们会发现：面对真实，远比生活在幻象中更能滋养我们的心灵。

第三章 移除幻象的面纱
——从幼稚的天真到人性与深度

常常有人问我们这个问题：“这些情绪性的工作要到什么时候才会结束？”我们的回应是，只要我们还生活在“幻象的信任”及“全面的不信任”当中，这些情绪性的工作就不会结束。而关于这一点，可以很清楚地从我们现在的生活里看到——当我们对朋友或亲密伴侣感到失望的时候；当我们觉得被朋友或亲密伴侣背叛的时候；当我们在爱与亲密关系中面临困难的时候；当我们批判自己、批判他人的时候；当我们觉得自己的生命能量停滞在抑郁和怨恨当中，难以流动的时候。

只要我们的过去仍然会给我们现在的生活带来负面的影响，只要我们还没有办法不带批判与偏见地拥抱自己的恐惧与不安，那么就还有许多东西值得我们去探索、感受和了解。

当我们提到“情绪工作”时，我们并不是说一个人需要持续进行许多原始治疗，虽然或许对某些人而言，这确实是必要的。此外，“情绪工作”也并不表示一个人需要认同自己过去的经验或创伤，把它们变成自己不愿意冒险、无法全然生活的借口。**当我们说到“情绪工作”时，我们的意思是：一个人愿意去感受、去检视自己在目前生活中的情绪反应。**因为我们在生活中的情绪反应往往受到过去创伤事件的影响，所以真正重要的是去看到，还有感受到过去和现在之间的关联。

除非我们的过去不再影响到现在的生活，否则过去的事件并没有真的过去。

脱离“否认”的状态

在情绪工作中，有一个非常重要的部分是脱离“否认”的状态。我们当中的有些人常常会顽固且带有强迫性地紧抓着自己的幻象不放，特别是关于我们过去的经验。过去的创伤经验往往相当深刻，所以我们更需要学习如何给予自己足够的时间与照顾，好让我们能够看到自己的天真是如何受到损伤。我们每个人或多或少都曾经有过天真的自己遭到背叛的经验，但是不论如何，只要我们愿意去面对、处理并穿越那些被背叛的经验，我们原本孩童式的天真就可以换取到某些更宝贵的东西，并开始学习成为一个有深度的人。

最近，我（克里希）和一个好朋友在塞多纳镇（Sedona）当地一个网球俱乐部打网球。当时我们附近正好有个父亲正在教他的儿子如何打网球。那个孩子看起来还不满六岁。那个父亲的教法是不断地责骂，像是呵斥他力道不足、短打力道不够、步法不对、没有适时地从正手拍转换到反手拍、身体与球之间的距离不够近等；而孩子则不停地抱怨身体不舒服，我猜那是他唯一能够处理那种情境的方法。我想那个父亲的本意是好的，他真的很认真地在教儿子如何打网球，他也真的很想让孩子知道他对网球的热情和享受，而他现在对待儿子的方式，很可能正是当年他父亲对待他的方式。或许他认为这就是为人父者教导孩子该用的方法。我花了很长一段时间观察这对父子。和我一起打网球的朋友也是一个治疗师，我们工作的方式相当接近。后来，当我们停下来休息喝水时，我们发现彼此不约而同地注意到旁边那对父子的情况，也发现我们两个人都经历过和那个男孩相似的处境，一直到现在，我们也还在不断处理这种教育方式给我们所带来的制约。

当我们能带着成人的觉知与支持来放掉过去的创伤时，就可以了解为什么我们会有这么深的不信任感，也可以了解为什么自己在生活中的某些事情上总是会表现得笨手笨脚。当我们感受到自己曾经发生过什么事情时，我们就比较能够以一种慈悲与了解的态度来看待自己现在的恐惧与不安。而且除非我们能用成人鸟瞰的眼光，从童年那种无助、无反击能力的角度，诚实而且赤裸裸地正视我们童年经历过的事件，否则我们很难了解为什么今日的我们会有这种不信任的感觉和功能障碍的反应。当然，要清楚记得或感受童年时的事件并不容易，但是只要我们去观察自己在现今生活里的不信任感，我们就能慢慢地重新拼起故事的碎片，让我们知道这个不信任的感觉来自哪里，又是如何发展出来的。

认知自己不信任感的深度

在“不信任”这个主题上工作时，我们经常在工作坊中运用下面这个活动。我们让每个人找一个伙伴，面对面地站着。然后我们邀请其中一个人想象自己正一层层地揭开自己周围的保护层，在不知道对方是脆弱、敞开还是封闭的状况下张开眼睛，以一种全然赤裸和脆弱的状态缓缓走向对面的伙伴。当他们接近到某个距离时，我们邀请不带任何保护的这个人，说出他在这个接近对方的过程中所升起的恐惧。这个简单的活动可以帮助人们明了，在我们自己的保护层下有着怎样的恐惧与不信任。

我们大多数的人都发展出一种信念，认为一旦我们放掉自我防御，就会有可怕的事情发生在我们身上，或我们自己会做出某些恐怖的事。这个根深蒂固的信念以一种毫不理性又难以预测的方式影响着我们的神经系统，结果这些恐惧常常会让我们变得完全无法反应。比如说，当我们在做爱的时候、别人靠近我们的时候，当我们表达自己的创意的时候，当我们质问他人或试着忠于自己的时候，当我们允许自己感到喜悦与欢愉的时候，还有当我们感受到自己的情绪或身体的时候，我们突然发现自己变得难以动弹、无法反应，或是陷入完全无法解释的恐慌。再不然就是我们会有睡眠困难或其他身体上的症状。在这种情况下，不论他人或我们的内在如何鼓舞自己，都不会有多少帮助，我们仍旧被不信任和恐惧牢牢地抓住。

如果我们想要了解这个不信任感的根源，并且慈悲地看待自己所紧抓的恐惧，那么非常重要的一点就是我们需要去了解、感受我们童年时是如何受伤的。有时候有些创伤来自一些非常简单的事件，像是生病、意外伤害、一个人被留在医院里、亲人的死亡，或童年时父母亲不在家。即使是一些简单的事情，这些创伤都可以深深地影响着我们和这个世界、他人以及自己的互动方式，所以我们需要深入地穿越这些创伤。

我（克里希）在婴儿时期就有初生儿吸收不良综合征（neonatal malabsorption syndrome）。在我生命的初期，母亲常常坐在我的摇篮旁边，不知道我是不是还活着。我活下来了。很多年之后，通过许多不同类型的内在工作，我开始回想起这个经验。我也同时了解到，在我的生命最初期的时候，我和母亲之间就已经发展出一种强而有力的共生联系，那是我徘徊在生与死之间的联系。要脱离这样的联系并不容易；事实上，它也造成了我日后和异性在亲密关系上的困难。同时，因为我的父亲在犹太人的庇护所里工作，所以每隔三到四年，我们就需要从欧洲的某个城市迁移到另一个城市，我也不得不离开熟悉的学校和朋友，重新适应一个全新的环境。当时我从来不觉得那些搬迁是一种创伤，但是现在我却发现，每当我必须离开某人或某地，我就会变得麻木而没有感觉。

当我（阿曼娜）7岁的时候，有一天，我的母亲把所有的东西装箱打包到车上，带着我和我的弟弟离开了我的父亲。当时我是在一种突然的状况下被带离我的父亲、朋友、玩具，还有我熟悉的家。我的父亲有严重的酗酒问题，我记得家里有很长一段时间一直都充满紧张和恐惧的气氛。我的母亲从来不知道他工作结束之后是否会回家，因为每当我父亲拿到薪水时，他就会消失几天或几个星期。他的行为是无法预测的，在家的时候，他可以是一个非常温柔、有爱心、充满幽默与关爱的父亲。但是当他喝醉的时候，他会变成另外一个人，一个压抑、不负责任，并且会使用暴力的人。在我们离开他一年之后，我们才被允许每两个星期和他见一次面。但是他越来越自暴自弃，在我18岁那一年，他终于死于酗酒。

经过一段时间之后，我开始了解到我受的伤有多重。我不仅失去了深爱的父亲，我同时也吸收了我母亲当时的生存恐惧。即使我已经为这个事件做过许多的治疗，但是直到现在，我还是会发现，任何不在预期中的变化都会让我感到害怕，我往往需要一段时间才能够适应这些变化。现在，当我回顾当时的情境，我深深地感谢我的母亲有那样的勇气和力量带我们离开，并且为她自己、为我的兄弟和我创造了更好的生活。不过在当时被带离父亲而且一年内不许相见的我，感受到的却是一种深深的背叛。我一方面深爱我的父亲，而另外一方面又感到冲突与罪恶感。有很长一段时间，我都假装我不需要父亲。直到很多年后，经过许多治疗之后，我才能够允许自己去感受、表达我对他的爱与思念。虽然那时我父亲已经去世多年，但对我而言，让自己感受到对父亲的爱以及失去他的伤痛与思念，仍然是一种深度的疗愈。

造成不信任感的原因

如果在童年时，我们曾经有过觉得自己不被爱、不被欣赏，也没有被大人所关注的经验，这些经验会让我们发展出不信任的感觉。即使当我们回顾童年时发生的事情，我们觉得这些事情看起来并不重要，因为对大部分的人来说，那些事情几乎是成长过程中必然的一部分。但是，对一个敏感的孩童来说，这些事情却是一种蹂躏。虽然它们不见得一定是身体上公然的虐待、性的虐待，或是反复不断的情绪虐待。上述这些严重的虐待绝对会在孩童的内在产生深刻的不信任感，但是一些极为细微、看起来无关紧要的事件有时候也会造成相当程度的不信任感。如果我们能够看到自己童年成长和制约的回顾，我们或许会非常惊讶地发现，我们居然是这样生存下来的。对大部分的我们而言，创伤早在我们出生的时候就发生了。譬如，如果我们的母亲在怀孕时就曾经受到干扰，或者怀孕时家里充满压力，那么，早在我们还在母亲子宫里的时候，创伤就开始了。而在出生之后，创伤更是以各种方式不断地发生。

比如说，父母亲的压力、期待、挫折与恐惧会造成孩子的创伤；还有当孩子被迫去扮演某些不符合孩童本性的角色，像是照顾家庭或变成父母的情绪支柱，这也会造成孩子的创伤；再者就是当孩子被期待跟随着父母的脚印，从事父母其中一方的职业或父母亲所期待的职业时，那也会为孩子带来创伤。而其中最严重的期待往往是来自充满挫折的父母亲，他们希望子女能够完成自己过去无法完成的事。在《钢琴师》（*Shine*）这部深刻的电影中，戴维的父亲毫无人性地虐待充满天赋的儿子。戴维的父亲自己是一个饱受挫折的音乐家，所以当他强迫儿子弹钢琴时，他真的认为自己的行为是对儿子的支持和爱心。最令人痛心的是戴维虽然热爱演奏音乐，但由于其中总是伴随着父亲的期待，到最后当一切都变得太多，远超出他的神经系统所能负荷的程度时，他就再也没有机会去感受自己真正想要的是什么了。

在我们的工作坊里，我们经常会问有多少人在童年时受过体罚，而举手的人数之多总是让我们惊讶不已，似乎鞭打和掌掴这种体罚仍然被视为稀松平常的事。我们可以理解，许多体罚子女的父母们自己在生活中承受了沉重的压力，而他们自己童年时期或许也曾经遭受过身体上的虐待，但是这并没有办法减轻孩子们所遭到的虐待。从根本上说来，在这种体罚和身体虐待的状况里，孩子只是成为了父母挫折及压抑情绪的出口。通过这些鞭打，孩子们会开始痛恨自己，而且再也无法敬重自己。

在另外一个更细微的层面上，在我们回溯过去的时候，那些经由身体遗弃和情绪遗弃所造成的创伤，虽然看起来似乎琐碎而微不足道，但是对一个毫无防御能力的孩子来说，它们仍然具有压倒性的影响力。一般说来，当我们联想到遗弃的感觉时，我们想到的是父母离开家里或不在家。但事实上，每当我们觉得自己和父母之间的一体感消失了，每当我们不曾被仔细地倾听、不曾被了解，或者被要求扮演某些违反我们本性的角色时，我们就会经验到这种深沉的遗弃。

在这里，我们举出几个最近在瑞典工作坊里的案例，但为了保护当事人的隐私，这里所有的名字均为化名。

莱娜鲍有一个妹妹。小时候，当妹妹生病时，父母会要求莱娜鲍当个安静而乖巧的孩子，不要去打扰生病的妹妹。结果现在每当莱娜鲍感到愤怒或碰到与人当面对质的情境时，她就会充满惊吓。除此之外，她也不断地允许他人侵犯她的界限，允许别人不敬重她。这种情况让她难以进入深度的亲密关系。

安德斯自小就需要照顾罹患气喘病的母亲。长大后，他变成一个无法停止工作的心脏外科医师。这种情况让他没有办法休假，去做他热爱的事情。只要他停下工作、停下帮助他人的步伐时，他就会觉得自己的生存出现危机。这种必须不断工作以及不断协助他人的压力让他变得非常不快乐，但是同时他又深深陷在担心让母亲失望的恐惧里。

拉尔斯有一个暴力的父亲和一个酗酒的母亲，他从来不觉得他可以表达出自己的需求。这种情形造成的结果是他总是非常仔细地倾听每一个人，但是当他觉得没有人有空陪伴他的时候，他就会充满挫折感。

玛丽特和父亲之间有一种特别的关系。表面上看起来，她像是父亲的宠物。但是事实上，由于她的父亲从来没有真正爱过他自己的妻子，所以她变成了父亲的秘密爱人。这种情况让玛丽特感到极度的困惑，一方面她觉得自己很重要，但另一方面说来她又觉得自己不曾拥有过真正的父亲。此外，对母亲的罪恶感让她现在无法和女人发展出亲密的友谊，而性对她来说也是全然陌生的一件事。最糟的是长久以来她一直有种无比的压力，觉得自己必须看起来充满了吸引力，因为只有透过男人充满渴望的眼神，她才能够感觉到自己的存在。

艾伦的父母并不想要他这个孩子，所以他甚至对自己的存在感到羞愧。现在的他经常感受到严重的忧郁感。

简有一个非常男性化的名字，因为她的父母当初想要的是儿子而不是女儿。所以为了讨好父母，得到父母亲的爱，简开始否认自己女性化的部分，并且痛恨所有女性化的东西。结果一段时间之后，她甚至变得开始痛恨自己、拒绝自己。现在，她没有办法接受任何男人亲近自己，因为身为女人只会让她感觉到深沉的羞辱。

当父母双亲中的一方或双方过度自我陶醉时，也常常会造成孩子的创伤。因为一个过度自我陶醉的父母没有办法真正看到自己的孩子，或是给予孩子任何有意义的注意力。事实上，一个过于自我陶醉的父母常常是造成孩童创伤的最大原因之一。自我陶醉所造成的创伤有很多种，比如说：自我陶醉的父母亲没有办法真正地倾听孩子，他们反而会给予许多自己个人的意见和看法；自我陶醉的父母亲没有办法看到孩子自然的兴趣与天赋，他们反而会强迫他们成为炫耀自己的工具。自我陶醉的父母亲要不是根据自己的道德与价值观去塑造孩子，就是会因为担心人们的看法而压抑了孩子自然的能量流动。

我的一个好友就有个极度自我陶醉的母亲，而一直到现在，他仍然为这个创伤所苦。在他童年的时候，所有来自母亲的注意力都充满了她自己个人的需要和想法。我的朋友从小就开始弹吉他，他发现自己不凡的天赋，所以开始练习吉他，甚至开始作曲。虽然他的父亲极力支持他，但是他的母亲却始终不曾发现他会弹吉他。一直到许多年后，当他在当地的俱乐部开演唱会之后，她才发现他原来会弹吉他。除此之外，他母亲的自我陶醉是如此的严重，甚至到了性骚扰的程度。比如说，她会穿着暴露的衣服在家里走动，只为了引起他的注意。或是当她买了新衣服之后，会在他面前换穿新衣，试图得到他的赞美。即使到现在，当他打电话回去给她的时候，她仍然只顾着谈自己的事情，极少询问他的生活状况；就算她真的问了，也不是真的想要听到他的回答。我的朋友花了许多年的时间和精力来处理自己这种深深的困惑：到底哪些是一个儿子对母亲自然的爱，而哪些又是对于她自我陶醉的愤怒。

我们的父母和我们成长的社会并没有足够的意识，所以他们无法提供我们所需要的爱、关心、敏感和空间，也没有办法支持我们找到自己的力量。即使我们的父母有着善良的意图，但是他们除了把自己曾经感受到的羞愧和罪恶感往下传递以外，他们也不知道还有什么更好的方法。然而，在一个敞开、无助而脆弱的孩童脑海里，任何一种不敏感的对待都是一个严重的创伤事件。随着这种创伤事件的累积，一段时间之后，一个孩子原有的敞开和敏锐度会退缩到越来越深的内在，回到那个安全而没有人能够碰触到的地方。通过学习，我们或许能够培养出某种外在的人格，让我们某种程度上仍然能够在社会上生活，进行正常的社交互动，但是其实我们内在深处却是隐藏而疏离的。只有当我们开始进入亲密的伴侣关系，或是在人际关系里碰到某些权威人士时，我们才会突然了解到，原来我们并没有真正的敞开自己，我们是如此的脆弱又容易受伤。

我们有一个个案长期以来一直有偏头痛的困扰。她注意到当她最近回家探望父母之后，她的偏头痛又再度爆发。这一次，她开始好奇自己的偏头痛是否与回家有关。在那次探望当中，有一天，她的父亲看到她在读一本有关羞愧的书。当时，她的父亲拿走她正在读的书，还用书敲她的头，取笑她，说她根本不需要看这种书，他还建议她最好不要“过度沉溺在自己的感觉中”。我们的个案说她的母亲也同样有着偏头痛的困扰，她们怀疑这种偏头痛是某种基因遗传所造成的。而我们告诉她，虽然遗传确实有可能导致家中女性的偏头痛，但是看起来，她父亲对待她、她母亲以及其他女性那种

男性沙文主义式的羞辱，才是造成偏头痛的原因。当女性的敏感度碰到这种男性沙文主义的攻击时，往往只能退缩，并在身体上创造出疼痛。疼痛，就像是内在小孩在呼喊要求注意力一样。

我（克里希）先在美国参加了许多成长团体，又在印度花了好几个月通过各种密集治疗工作与静心不断治疗自己的伤口。当我回到美国看我的父母亲时，我才发现过去我一直把他们过度理想化。我记得很清楚，在印度的一个工作坊中，曾经有一个治疗师对我说："如果你的童年这么完美无缺的话，为什么你现在情绪会是这么封闭，而且大部分的时间都待在头脑里，充满了控制？"我知道她说的没错，但是我却没有办法了解我为什么会是那个样子。同时我的内心也十分挣扎，因为我的家庭看起来充满了爱心与支持，我也真的认为我的父母都是友善而有爱心的人，我并不想要谴责他们，不过我也想要深入自己的内在和自己的情绪。所以那意味着我不应该从一个成人的角度来看待和感觉事情，而需要从一个受伤的孩子的角度来看待事情。那一次，当我回到家里，我开始有着非常不同的经验，我可以看到在这样一个家庭当中成长会是什么样的一种情况。

这一次，我注意到我父亲压抑的愤怒、我母亲控制他人的方式，还有她是多么习惯给予意见却从来不倾听人们说话。以前我从来没有注意到我父母的这些部分，但是现在我可以看到这样的家庭环境对当时年幼的我来说是多么大的一种威胁。另外，我也注意到他们彼此之间的互动，还有与他人互动的方式，往往是一种表面的、政治化与虚假的方式。我也注意到他们对速度和理性思考的要求，还有重视成绩、名声、形象与成就等的价值观。老实说，看到自己家里这种种情况真是一件令人感到心痛的事。我可以了解这些情况对一个敏感的孩子而言是多么严重的一种惊吓，因为孩子的本质是存在（being）而非作为（doing）。通过模仿，我让自己变成一个有礼貌、循规蹈矩又超级努力的人。我用这种方式成为了家里的一分子，但是我内在的敏感度和叛逆性则被深深地埋藏在努力成为某种人物的压力之下。这些压力和这种以成就为取向的价值观变成了我自己的价值观，掩盖掉我原有的纤细情感与独特性。

稍后，我开始阅读有关如何脱离共依存关系（co-dependency）的书，那帮助我更深刻地穿越我原有的否定。比如说，在罗伯特·苏比（Robert Subby）写的一本伟大的小书《迷失在混乱中》（*Lost in the Shuffle*），他提到了不少让一个家庭无法发挥正常功能的非语言规范，从中我可以看到我自己的家庭是如何受到那些非语言规范的操控的。像是他在书中提到的"绝不谈论麻烦""不呈现情绪""对孩子有着超乎实际的期待""以他人的需要为先""不制造麻烦""不谈论性""做人必须负责、不可以抱持玩笑的心情"，还有学习到"不可以信任自己"等，所有这些规范都深深影响着我的家庭。也是这些规范让我们在内在发展出羞愧和恐惧，也让我们难以感受到自己内在自发性的生命力与喜悦。

从当下联结过去

在我（阿曼娜）从小生长的家庭里，表现情绪以及讨论个人的问题是一件不可思议的事情。在我家里，父亲是唯一一个会把情绪表现出来的人，但是也只有在他喝醉的时候。他喝醉的时候不是对别人发火、批判别人，就是会哭着说他再也不想活了。而我的母亲处理这种情况的方法就是让自己变得非常实际和强硬，让自己表面上看起来若无其事。她从来不和任何人谈论我们家里的情况，即使是对她自己的父母和好友，她也把我们家里的情况当成秘密，从不谈论。我记得小时候家里经常充满了紧张和疏离的感觉。不论何时，如果我觉得难过的话，我也只能把自己锁在厕所里，不让任何人看到我哭泣的样子。我决定再也不要对任何人表露出我真正的感觉，因为有一次，当我呈现出自己的情绪时，我可以从我母亲的脸上看到恐惧和困扰。而每当我觉得悲伤、愤怒或害怕时，她脸上的表情就像在说："跟你爸爸没什么两样。"而那意味着不负责任、软弱、一个失败者、从不满足现状，还有不断地抱怨。所以那次之后我把自己封闭起来，而封闭到了某种程度之后，我的感觉开始变得麻木。我花了很长的一段时间，才终于让自己再度能够去感觉，并且能够表达出自己的感觉，而不再为自己的感觉感到羞愧。

另外，我花了更长的一段时间，才克服我父亲的忧郁和自我毁灭所带来的那种死亡阴影，因为那道阴影和威胁总是会一次又一次地在我面临困难时出现。一直到现在，我在向外寻求援助上仍然有困难，这也是我现在正在慢慢学习的。

我的脚最近动了一个手术，这是我长大之后第一次感受到什么叫作全然的无助。每当我有某些需要的时候，我都会感受到深深的惊慌，特别是当我没有办法照顾自己，需要别人协助的时候，我更是会感到极度的羞愧。在我的整个系统中，"自己照顾自己"是一件理所当然的事情，而依赖别人、寻求他人的协助，则是一件不可思议的事。所以每当克里希没有如我所愿地感觉到我的需求时，我都会变得极度敏感和生气；还有当我需要通过他的协助才能拿到某些东西时，那也会让我感到极度羞愧。这些事情碰触到我内在羞辱的感觉，我知道这与我的母亲有直接的关系，因为每次当我父亲外出聚会的时候，她下意识里并不想待在家里照顾我。在这次手术之前，我一直以为，我之所以难以请求别人帮助、难以表达自己的需求跟我的父亲有关，因为我的父亲一直都是一个需索无度、充满情绪、占据所有空间的人。他的需要永远都比别人的需要更重要，而且家里随时弥漫着怕他出去喝个烂醉的气氛。家里所有的人都需要根据他的状况来适应自己，所以我变得非常善于配合他人，以至于我完全无法联结自己内在的需求和感觉。

但是现在我可以看到这只是整个故事中的一小部分。虽然我没办法清楚地回忆起我是从什么时候开始为自己的需求感到羞耻的，但是我知道我的母亲在她18岁的时候就怀了我，当时她想要脱离她极度操控的父母亲，所以结婚、怀孕就成了她逃离父母的方式。但是在我出生之后，我的父亲并没有因为孩子的出生而有所改变，所以她不得不独自承担起抚育孩子的责任。也因此，她对我的关心里总是混杂着一些怨恨，她一方面非常高兴自己有了孩子，而且她也真心喜爱孩子，但是同时她也怨恨自己总是必须待在家里照顾孩子，而没有办法经常外出和朋友聚会。所以我父亲的不负责任加上我母亲从未明言的怨恨，使我从很小的时候就懂得自立自强。因为对当时的我来说，有需要是不安全的，依赖他人则是恐怖的。

当我们了解到自己现在的不信任感和恐惧来自过去的创伤，但是那并不表示我们需要谴责他人。大部分的父母亲和老师都已经倾尽全力来抚养和教育孩子，而他们也都受到自己无意识和过去的制约的限制。

时刻注意自己的情绪反应

揭开我们的面纱是一件令人惊恐的事，因为当我们的幻象破灭时，我们也会同时了解到，我们以为自己童年时期所得到的支持与爱，其实根本不是我们想象的那回事。但是，当我们越来越觉知到过去是多么强烈地影响着我们的现在时，要在日常生活中观察自己就会变得容易多了。我们的情绪之所以这么容易被引发，是因为我们身上还有着许多过去残留的阴影。不过在我们自己身上还有我们曾经帮助过的人身上，我们曾经观察到奇迹式的变化。

仅仅透过观照和接受自己的情绪，我们就能有所蜕变。

透过越来越多的觉知，引动我们反弹的情绪会变得和缓。而通过爱和了解的观照，我们会渐渐摆脱机械化的行为模式，也脱离那些我们毫无觉知与失控的幼稚反弹。这样一个过程不仅抚慰了我们的灵魂，也治疗了我们的伤口。而且在我们时时刻刻注意自己的情绪反应模式的过程里，我们很自然地会放掉怨恨，并且开始欣赏和感谢那些抚养我们长大的人。我们开始可以看到他们的本来面貌，并且感谢所有他们曾经给予我们的东西。

第四章 学习观照自己的反弹模式
——当退化孩童接管一切时

最近在我们意大利的一个工作坊中，每当我们进行开放式的分享时都会有这样一个状况：有一个女学员希望能够在任何她想要的时候说话，但是团体里还有另外24个成员也想要分享，所以这对她和我们来说都是一个相当大的问题。因为即使她是团体里第一个结束分享的人，但是当我们开始倾听其他人的分享，略过她的再一次举手时，她就会变得异常愤怒不安。当时我们告诉她，她需要在内在包容这份挫折感，并且看看这种挫折在她的内在引发出什么感受。我们也告诉她，这种包容也是治疗工作里极为重要的一部分。慢慢地，她可以在内在找到较多的空间来容纳这个挫折感，她也因此发现自己有这样一个想法："如果我没有及时在我需要的时候得到注意的话，我会因此而死亡。"当她开始能够包容挫折感的时候，她内在的某些部分也慢慢地开始放松下来，开始领悟到这种惊慌和绝望并不是全部的她，虽然当情绪接管一切时，感觉上确实如此。

后来，她发现自己开始拥有力量，不见得她每次想要什么的时候就一定要马上得到。即使有些时候她没有得到，那也不再是个问题。

想一想，有多少次，当我们觉得被侮辱、伤害和羞辱的时候，我们毫无理性的情绪化反弹酝酿出日后无尽的悔恨？又或者，在事件发生时，我们因为极度的惊吓而完全无法感受到对方的侮辱，但事后却开始感到深沉的怨恨和羞辱，并且不断重复反刍整个过程，思考我们当时应该说什么或想说什么。

我们的内在一直隐藏着许多类似的经验。我们曾经在生命里多次觉得受到侵犯或被背叛，但当时的我们却无法表达出自己感受到的愤怒与受伤。这份伤痛被埋藏在内在，滞留在身体里，随时等待再度被引发。

认识我们的退化孩童

当事情没有按照我们的计划发生时，我们大部分的人都会发现到自己内在有个充满惊慌、渴求注意力、任性、抗拒，而又极度情绪化的部分。在这种状况下，我们虽然拥有一个成人的身体，但是我们的思考和行为的方式就像个孩子，那也是为什么我们会把这个部分称为“退化的孩童”。对我们来说，认识自己内在这个退化孩童的思考方式、感觉方式、行为模式，是非常重要的一件事。因为有**很多时候，当内在这个退化的孩童接管一切时，我们唯一能做的最佳选择就是观照。**

这个退化的孩童不想长大，不论我们成人的性格有什么样的期待，这个退化的孩童就像内在一股无意识的力量，他往往在我们毫无预期的时候猛然出现。这个退化的孩童要不是生活在“幻象的信任”当中，就是生活在“全面不信任”的状态里，他没有办法忍受被剥夺的感觉，当他想要某个东西的时候，他是马上就要！你可以想象一下，告诉一个吵着要吃冰淇淋的孩子等到明天再吃会是什么样的一种情况。对一个孩子来说，明天是不存在的，而我们内在的退化孩童也是以同样的方式在行动。

我们的这个退化的孩童往往没有生活在当下这个片刻，他做的结论也往往不是根据当下的事实，也因此他的反应常常是不适当的。退化孩童的信念和行为模式受到过去创伤经验的制约，而这些信念与模式常常是无意识的。所以，如果我们发现自己在经历拒绝、失落和失望之后，就会长期沉浸在放弃和绝望的感觉中；或是当我们觉得受到侮辱，或真的被人无礼侮辱之后，我们就会紧抓着怨恨不放。这些情况意味着我们内在无意识的部分已经在不知不觉中再度接管了一切。不论我们表面上看起来如何，也不论我们认为自己有多成熟，我们仍然会有受到刺激而反弹的时候。即使我们试着通过僵化的架构来减少生活中的干扰，但是这种方法是不管用的，生命自有打扰我们“平静”的方式。而且事实上，这些干扰常常是极为宝贵的经验，因为通过这些事件我们开始联结到内在退化的孩童，发现自己的意识是如何深受过去的影响，也发现我们待在当下的时刻是多么的短暂，而我们对自己及他人的信任又是多么的薄弱。

我们会用常见的词汇来描述我们内在的这个部分。但是如果想要更详细地了解和联结自己的这些部分，那就看个人拥有多少意愿，愿意用心努力，诚恳而且近距离地去看见自己。

我们内在退化的孩童随时在传送信息

不论我们是否有意识到，我们内在的退化的孩童一直不断传送着他的恐惧、不安、需求、渴望和期待。我们把这个部分称为**“共依存无线广播（radio co-dependency）”**。我们这些无意识的信息会引发人们对我们的反弹，让我们再一次强化自己内在的恐惧与不信任感。退化的孩童不断对人们送出“我希望你照顾我”“我不会让你靠近我”“我希望你让我觉得我是没问题的”“给我你所有的注意力”等信息。虽然这些通常都是非语言、无意识的信息，但是别人往往可以感受到我们所传送的信号，那就是为什么我们把它称为“共依存无线广播”。真正的问题不在于这些信息，真正的问题在于这些信息是无意识的，它把人们从我们身边推开，而我们却完全不知所以。而且常常我们口头上说的话和能量上传送出去的信息相互矛盾，以至于我们无法了解为什么别人对我们这么反弹。我们觉得被拒绝和失望，而这也不断反复强化了我们对他人的不信任感。

有时候，在我们的工作坊当中，有人会说他们希望自己的亲密伴侣和朋友能够完全接受他们。但是，我们内在退化的孩童常常需索无度、充满操控、报复、不耐烦而且冷酷，没有人需要接受这样的行为，特别是当我们自己都不愿意负起责任、了解并且看见这个部分的自己时。

直到我们能够觉知到自己，为自己负起责任——在此之前——当我们内在退化的孩童开始任意妄为时，我们都需要他人以一种坚定，同时也带着爱心的方式对我们的行为设下界限。

一个人需要有相当高的意愿才能够诚实地看到自己的退化的孩童，并且了解自己这个年幼且受创的退化的孩童充满了恐惧和羞愧，并且一直在我们的潜意识里不断地作用着。我们过去曾经学习到自己认为最好的生存方式，甚至一直到现在，我们仍然相信这些生存的策略是必需的。然而矛盾的是，当我们越是能够了解自己所学习到的生存策略，越是能够带着爱与慈悲去拥抱它们时，我们也越不容易被它们所接管。另外，每当我们发现自己内在退化的孩童即将要出现时，花点时间去感受自己内在的不满足，探索这份不满足的源头，会是很有帮助的一件事。

最近，我们在一个成长中心里带领工作坊，一个长久住在中心里的工作人员负责为我们的团体成员准备食物，不论何时，当我们因为团体活动而延迟了用餐时间时，她总是会对我们的助教恶言相向。即使有一次，我们特地提早告诉她当天的用餐时间需要往后延迟，她唯一的反应是："你们要这样，没问题，那大家只能吃冷掉的食物。"我们两个人认识她许多年了，我们都知道每当她感觉到压力或感到不快乐的时候，她就会出现类似的行为。基本上，她生活在那个中心里，同时也在那里工作了许多年。虽然这种生活与工作方式已经不再适合她，但是由于她紧抓着安全感不放，所以最后她开始变得任性、恶毒与不快乐。不过，因为她愿意去看到自己这种恶劣的行为，愿意去面对隐藏在背后的原因，所以她在那一年里做了一个冒险，改变了她的生活方式，她不仅搬出中心，还重新找到一份新的工作。当我们一年后再度看到她的时候，她整个人变得完全不一样。

退化孩童的症状

当我们的退化孩童接管一切时，要认出这一点并不容易。因为长久以来我们一直从这样一个退化孩童的空间来行动，以至于我们认为那就是真正的我们。虽然我们并没有任何可供比较的方法，但是通过了解、认知某些较为常见的退化孩童症状，我们可以开始辨别并且了解退化孩童的形态。

1．情绪化与坏脾气

我们的退化孩童对于挫折的承受能力往往非常的低。我们的内在紧抓着许多无意识的恐惧和焦虑，有时候我们能够承受这些焦虑；但是当我们无法得到我们想要的东西，或觉得周遭的生活环境没有办法滋养我们时，我们很容易就会变得心浮气躁。然后，这些紧抓一切所造成的紧绷，以及没有得到支持的愤怒，就会开始通过各种情绪化与坏脾气的状况显现出来。当这些张力开始变得越来越明显时，我们有时候甚至会承受不住。

由于每个人的情感本质不同，退化孩童反弹的行为方式也会有所不同。有些人反弹的方式是外放的，像是脾气暴躁、生气、盛怒离开或公然试着去惩罚某个激怒我们的人；有些人则是内缩的，通过冷漠、收回所有的注意力来表达生气与受伤；或者，由于我们是如此地习惯这种失望与挫折，以至于我们总是处在一种深深的放弃之中——所以就算是我们和某人生活在一起，但却早就停止了情绪上的沟通与交流，而生活在一个情绪的孤岛中。所有这些行为都只是不同形式的反弹，试着让别人知道我们觉得受伤、不高兴，然后期待事情会开始有所转变，让我们的感觉能够变得舒服些。

在所有这些反弹的形式里，我（克里希）最常见的一种模式是深深的放弃和退缩。当我觉得受伤时，我会缩回内在，然后没有人可以接触到我或再度伤害我。我甚至常常不知道自己感觉受伤，但是我会变得非常情绪化与暴躁。我曾经就这一点进行深度的探索。我发现其实从很小的时候，我就从整个家庭系统中退缩回来，因为我觉得没有人注意到我，没有人看到我的存在，所以我变成了家里的旁观者。我在内在对自己说：“嗯，既然他们没有办法看到真正的我，那么他们就再也不是我真正的家人。而且，要我去感觉、去索要、去分享，实在是太痛苦了。”所以我开始拉开我和家人之间的距离，退缩到自己的内在，开始否定我所有情绪上的需要和感觉。

我（阿曼娜）对于受伤也有非常类似的反弹方式。或许稍后我会开始发脾气，但是我的第一个反应就是缩回来，不论是能量上还是肢体上，我都会从那个伤害我的人那边退缩回来。我很早就学习到把感觉呈现出来是一件不安全的事情，所以我干脆就把所有的能量都缩回来，只允许自己在独处的时候感受一下自己的悲伤。因为基本上我父亲的行为就像个孩子一样，极度的情绪化与不负责任，我总是必须在那里照顾他和他的情绪，所以我根本没有什么空间可以留给自己。结果我碰到了克里希，他有着和我同样的情绪反弹模式，也是每次一受伤就开始退缩，为了持续我们的关系，我们需要能够离开自己自暴自弃的心态，鼓起勇气去联结、分享自己内在真正发生的事情，而不是待在退缩、孤立与放弃的状态里。那对我们两个人而言，真是一项持续不断的挑战。

2．不负责任的行为

诸如约会迟到、借东西不还、留下烂摊子让别人收拾、不照顾好自己生活中的实际事务等不负责任的行为，也都是我们的退化孩童的行为。这也是一种功能不良的表达方式，表达出自己无意识里渴望别人来照顾自己的欲望。或者那是一种信息，显示出我们是多么不满意于自己的生活，我们的内在小孩充满了反弹与挫折。

我们有一对朋友，他们的关系互动方式就非常清楚地说明了这种不负责任的行为。她喜欢房子保持得干干净净，他则相反，完全没有办法维持住所的整洁，总是把房子搞得一团脏乱。（当他来拜访我们时，他努力地保持干净，真是谢天谢地。）而当她觉得自己

总是必须像妈妈清理孩子的脏乱一样，去处理他所留下来的脏乱时，她就觉得自己被背叛了，然后她开始变成一个充满愤怒的悍妇。但是这只会让她联想到自己的母亲，因为她的母亲正是这样对待她的父亲。对她来说，她深信不疑地认定要得到男人的爱，她需要照顾他的一切需求，但是当他开始把这份照顾视为理所当然时，她觉得受到背叛。——而与此同时，他也无法了解自己四处留下脏乱的状况，其实是一个退化的孩童期待母亲来照顾他一切琐事的行为，他唯一看到的只是一个愤怒且不断地唠叨的女人。所以，当这种情况发生时，他们双方都觉得被背叛，两个人都深处在自己充满不信任的伤痕里。

3．出神、垮掉、生病或忧郁

有时候我们会觉得自己被生活所压垮、击倒。在那些片刻里，内在退化的孩童会轻易地接管我们所有的行为，并且试图找到方法来逃避挑战与责任。当这种情况发生时，一种比较有帮助的方式是去看到我们其实被自己的恐惧所击倒，然后能够友善地看待自己。当然，并不是所有的疾病或忧郁现象都是退化的孩童无意识的反弹，不过大多数的时候确实是如此。

每当我（克里希）来到一个新的环境，特别是来到一个新的大城市时——由于我们的工作，这种情形经常发生——我都会有一种被淹没的感觉，然后我的行为会开始变得退化。我会开始看电视、出神，或者有时候阿曼娜问我一个问题，我会完全没有听到。对我来说，要在那些时候去处理生活里的琐事，往往需要相当大的挣扎。但是，通过看到自己行为的退化，给予自己一些时间去感受内在的恐惧，我通常就可以快速地复原。

我（阿曼娜）非常害怕表达出自己的创造力，把自己呈现出来。因为我是在丹麦成长的，丹麦是一个非常小的国家，那里的价值观就是如何调整自己去适应环境，让自己尽可能地隐形而不凸显。所以，当我开始在工作坊里把自己呈现出来时，我必须面对自己内在极大的恐惧和羞愧。我内在有个声音不断地说着“你没有什么东西可以给予他人”“你以为你是谁”等这一类的句子。因为内在这些不断的攻击，有时候我的退化孩童会接管一切，让我心生放弃的念头；有时候甚至压力会大到让我开始生病，或是疲倦到难以动弹。我花了很长一段时间来倾听我内在退化孩童的感觉，爱护她，给予她所需要的时间和空间来面对这些情境。有时候，当她充满恐惧，害怕自己暴露在人前以及接收到许多人的能量时，我会牵着她的手或拥抱着她。慢慢地，情况开始好转。现在，在我们的工作坊当中，这些羞愧的声音和恐惧感已经距离我越来越遥远，或是完全消失，而我也很少再听到它们出现。

4. 自我怠慢的行为

有时候，我们的退化孩童表达自己的方式非常的隐晦。比如说，当我们在进行一些非常重要的事情时，我们非常害怕自己会失败，或甚至害怕自己真的成功，所以我们开始通过某些行为扯自己的后腿。也有些时候，我们身处在一个不快乐的情境里，但却没有意识到自己不快乐，而是在行动中透露出这种不快乐。

读医学院的时候，我（克里希）经历过一段非常艰苦的时期，因为我真正想要的并不是成为一个医生。在那个时候，我还不知道自己内心的呼唤其实是在精神医学这个领域，我想要的是在人们的情绪和灵性成长上工作，而不是处理他们身体上的问题。在我所接受到的童年制约里，情绪被认为是一种沉溺，身体才是真正重要的问题。所以，我常常在例行工作（医科学生的例行工作，例如抽血、跑实验资料等）中表现得马虎、松散，没有确实负起照顾病患的责任，这些方式其实是我反弹的方式。有一次，我没有处理完一个病患的细节，我在没有确定她能够得到充分的照顾之前就离开了医院，只因为我想要赶回家，在天黑之前去慢跑。隔天早上，面对督导我的资深住院医师时，我觉得就像在地狱里一样，而且他说的完全都是事实，所以我感觉到极度的罪恶感。

一直到后来，当我担任精神科住院医师的时候，我才了解为什么我以往会有那些行为——因为在担任精神科住院医师的期间，我发现我热爱工作中的每一个部分，我是那么全然地投入工作。

5. 渴求注意力，不肯倾听别人并且缺乏敏感度，夸大自己的成就

我们有一个很难相处的旧友，因为每当我们和他在一起的时候，他会像偏执狂一样不断谈论他自己的事情，然后对别人的事情则完全不感兴趣。或许我们很多人都可以在自己身上看到类似的倾向，因为这种夸张的行为其实只是为了掩饰自己深深的羞愧与不安。由于内在这样一种不安的状态，我们会吹嘘自己的成就，夸大我们曾经做过的事，以期让人们印象深刻；有时候我们甚至会开始说谎，只为了让自己看起来比较伟大。但是，这种自夸与沾沾自喜其实只是对于内在匮乏的一种反弹，以至于我们极度渴望得到某些人的赞赏与尊敬。有些时候，只是靠近某个我们敬佩的人，我们就希望自己能够得到一直欠缺的自我尊重。所以，当我们和某个权威人士在一起时，这种渴望得到认同、赞赏或认可的强烈需求，常常会驱使着我们去说出或做出丢脸、出丑的事情，而我们却似乎完全无能为力。

当金刚遇到科学怪人

在我们的关系里，我们带进了过去一连串遭受侵犯、被背叛，以及受伤的过往经历。而这些过往经历也为我们创造出某种重复的退化性行为。**当一个人的模式完全吻合另外一个人的模式时，他们往往会相互引动彼此的伤口。**所以在我们的工作里，我们把这种状况称为“当金刚遇到科学怪人”。也就是指两个退化、无法信任的孩童，带着自己向往的情节，置身在拳击场上的围栏里，彼此的伤口都受到撕扯，两个人都觉得自己被深深地误解，没有得到爱。在这种情况下，两个人都无法去倾听或了解对方，因为两个人都各自迷失在由原始创伤所引起的退化的状态与不信任里。

有一对伴侣是我们的老朋友，最近他们告诉我们，他们经常重复不断地经历某个类似的场景。当他们两个人去参加舞会时，她总是会觉得不安，因为她深信他在舞会会享尽各种乐趣，得到所有的注意力，甚至跟其他的女人打情骂俏。至于他呢，他享受这种舞会上的社交行为，包括和其他女人的社交互动，而且他一点也不希望被控制。因此这种舞会的情境像是专门为他们两人所设好的圈套，引发两个人内在最深沉的伤口：她觉得自己被抛弃，而他则觉得自己被控制。随着舞会的进行，她会开始变得越来越嫉妒，越来越痛苦，最后终于提议离开，但是这时候他正在享受他的美好时光，他一点也不想离开。最后，当他们终于一起上车准备回家的时候，她早已经准备好她的攻击：她谴责他不理会她，只注意其他女人，还有他专门和那些没大脑的人混在一起；而他觉得自己全然被误解、被侵犯，因为从他的角度看来，他只不过是享受一段美好的舞会时光，他没有做任何伤害她的事情。

这对伴侣中的这名女子有着她自己反复不断的噩梦，她的父亲

（一个精神科医师）从来都没有时间陪伴她，所以她觉得自己总是需要用乞讨的方式得到他的注意力；而这对伴侣中的男人则有一个令人难以忍受的犹太母亲，一个充满占有欲与怀疑的女人，也因此他总是觉得他必须保护自己的自由，不受她的侵犯。从他们两人退化孩童的观点来看，他们都是对的：她觉得被剥夺，他觉得被侵犯。但是通过仔细的内省，他们两个人都可以看到，这个舞会的情境只是童年创伤的重现，而他们两个人的关系可以帮助他们去经历、感受、治疗各自的创伤。

从我们自己对于关系的亲身经验以及和许多伴侣的工作经验中，我们清楚地发现：**人们总是会找到那些最能够引发自己内在深沉怀疑的人成为人生的重要伴侣，好让自己有机会去感受那些过去没有办法感受到的创伤，治疗它们。**

上瘾行为

在所有退化孩童用来呈现自己的各种方法中，最严重的一种形式就是上瘾行为。在这里，我们把上瘾行为定义成任何一种我们会重复进行，好让自己不必感受到恐惧或伤痛的行为。我们大多数的人都有自己某些惯用的方式，那可能是某种实质的东西，像是酒精、转移情绪的药物、食物、尼古丁或咖啡因等，也有可能像是看电视、看电影、逛街、让自己忙碌不堪等无形的方式；除此之外，它也可能是某种例行的事务，比如说，我们通过这些例行事务安排自己的生活，把自己变得像个机器人般的无意识；另外，孤立自己，没有任何社交生活，或强迫性的参与过多的社交生活，也都可能是一种上瘾行为。

我（克里希）的父亲是一个极度敏感而内向的人，所以他极度依赖各种习惯与例行事务来滋养他。在他退休之后，他变成一个小有成就的音乐家，他会花上许多时间来练习巴松管。他在自己每天的生活里规划了一系列的例行事务，像是阅读书报、打网球、演奏音乐、欣赏音乐，然后每天就是从其中一个计划好的活动进行到下一个，而常常忽略、遗忘了他身边的家人。这种方式对他而言非常的管用，但是它其实也是一种掩饰，掩饰他难以表达感觉、难以和他人分享自己的困难。

我从他身上学到了相当类似的方式，直到有一天我突然开始发现，所有的这些习惯和例行事务阻断了我与人亲近的能力，我才开始有所转变。酒瘾、烟瘾等替代性的上瘾方式从来就不曾吸引过我，因为我从父亲那里学习到极为强烈的内在纪律。但是和他一样，习惯与例行性的事务变成了我的上瘾方式，这充分表达了我的害羞与不信任感。现在，我可以清楚看到，当我通过这些上瘾行为来逃避人与人之间的联结与互动——特别是与阿曼娜之间的互动时，我可以感受到这些上瘾行为所创造出来的距离感，而那其实是让人相当受伤的。

对我们的退化孩童来说，上瘾行为是它试图用来照顾自己的方法，但是其中往往也掺杂了羞愧和惊吓，以及相当强烈的自暴自弃。当我们试图用各种上瘾方式来填补内在的空虚时，我们同时也看到自己其实是在伤害自己；当我们试图通过强迫性的方式转移自己的情绪，阻碍自己的灵性成长时，我们也会开始痛恨自己。所以，要穿越这些上瘾行为，往往需要相当多的了解以及对自己的慈悲，才能把上瘾性的行为，转换成为照顾自己的健康行为。

带着爱与了解来观察

当我们带着爱与了解来看待我们的退化孩童的行为时，惊慌的感觉会开始消退，而我们的反弹也会出现得越来越少，我们的内在开始产生一个空间能够容纳自己那些受创的感受，而不再需要被这些感觉所驱使行动。这样一个过程需要相当的时间，但是当我们不再压抑自己的恐惧，不再试图通过某些灵性的借口逃离恐惧时，我们才能够稳定地成长。

当我们带着意愿来观照自己、认识自己时，我们的意识得以开始成长。这么一来，那些孩子气的反弹、退缩、疏离、不信任，以及反复不断沉溺在抱怨中的行为会日渐消失。而我们也开始可以认知到自己的模式，看到是什么样的情境和人物引发我们退化孩童的反应。当退化的孩童出现时，他通常都会有某种特定的内在感受，所以我们可以学习去辨认这份感受，好让我们知道什么时候自己的行为被退化的孩童所接管。

有时候，我们可以选择不反弹，而有时候我们没有办法选择。在我们的经验里，真正的艺术是观照自己，接受我们所看到的自己，不对自己有过高的要求，或认为自己应该有所不同。而这需要相当大的勇气，因为要去看到并且感受到自己强烈的反弹模式与情绪反应，其实是一件相当痛苦的事情。同样的，要去感受自己的不满足，看着自己孩子气的行为遭受到人们的拒绝和反对，那也是一种痛苦的经验。

唯有当我们能够对自己慈悲，懂得自己时，我们才能渐渐开始在自己内在创造出较多的空间。而当我们能够允许自己真正去感受内在被引发出来的痛苦与恐惧时，能量会开始转换，而且日益成熟。

我们并不建议人们沉溺在自己退化的感受与行为当中，而倾向于鼓励人们找到一种精微的平衡，让我们既不压抑，也不过度沉溺。我们真正建议人们所拥有的，是一种愿意去了解、认知、探索自己退化根源的意愿。

在这里，我们要以自己生活中的一个小例子来做结尾。因为阿曼娜在登山时出过意外，所以最近她的脚刚动完手术。在手术之后的好几个星期，她都处在相当痛苦且几近残废的状态中。我需要照顾她，并且设法处理家里一切的实际事务。在我被迫不得不去处理这些事务之前，我从来不知道家里有这么多需要处理的事情。我发现自己对于必须处理这些事务感到生气，我也对于自己没有办法帮助阿曼娜解除疼痛而感到懊恼和难过。但是更糟的是，在这个过程中，我们必须带领一个三天的工作坊，所以我一直批判自己不够慈悲，不是一个好护士（我想，整体而言，所有的医师都是差劲的护士）。

然后，我回忆起当我7岁的时候，我的母亲由于严重的肺结核必须住院一年。那一年，我是由家里的女佣所照顾，至于我的父亲呢，他大多数的时间都花在工作上。当时的我压抑了自己那个被遗弃的感觉，因为那是我生命中极为脆弱的一段时光。回忆起这段被掩埋的记忆，帮助我了解到为什么阿曼娜的受伤经验会这么强烈地引发出我的退化孩童，因为突然之间，阿曼娜没有办法像以往那样随时在旁边支持我，而她通常是那么的充满关怀与熟练地照顾着我，也照顾我们每天日常生活里的各项细节。

当我们退化时，我们或许没有机会避免自己的反弹行为，但是我们永远可以从这样的经验里有所学习。

第二部

破除幻象的信任

第五章 盒子——制约的牢笼

我们发现，不论我们在自己身上下了多少工夫，除非我们开始跨出“脱离（separating）”这一步，否则我们没有办法信任自己或别人。

我们所说的“脱离”，指的是开始学习不通过往日制约所形成的程序来经验自己。

这个脱离的过程需要很大的勇气，为了了解“脱离”的重要性，我们会先从制约的力量，也就是我们所谓的“盒子（Box）”，开始讨论我（克里希）印象中记忆深刻的片段。

在我高中的最后一年，班上有一个天资聪颖的同学，但是他从来不做功课，总是把大部分的时间留给自己。放学之后，他会待在学校附近的一个咖啡馆里。我一直认为他是一个有趣的人，但我还是倾向于避开这个人，因为我也认为他有点奇怪。我自己是个忙着用功念书的人，不仅在学校要保持前几名的成绩，同时还努力要成为学校里最优秀的体操选手。有一天，我从学校走路回家，恰好经过那家咖啡馆。我决定进去和他闲聊一会儿，所以就进去坐在他坐的那张桌子旁边。有好一会儿时间，他一句话也没说。然后，突然间他对我说：“你难道没有发现那些事情全是狗屎吗？”

我问：“什么东西是狗屎？”

他说：“所有你一直努力在做的事情：努力成为最棒的学生；拍所有老师的马屁。你的整个游戏就是一团狗屎，你没发现吗？你他妈的到底是为谁这么努力？”

我说："为了我自己，我想进一所好大学。"

"老兄，你难道没发现自己就像是个机械人一样吗？我的老天！你是一个聪明的家伙，让自己聪明些，不要再玩那些愚蠢的游戏了。"

当时，我一点也听不懂他在说什么。毕业以后，我再也没有听到他的消息，但是我从来没有忘记那段对话。当时我以为他大概正在经历自己的情绪混乱期，但是几年后我才知道，他当时就已经了解了一些我甚至还没有开始去探索的事。我一直要到大学毕业之后才意识到这一点。

我们大多数的人都失去了和自己的联结，我们都失去了对自己的尊重，而只是按照他人期望的方式过着自己的生活。但是当我们失去和自己的联结时，我们也开始停止去信任自己的聪明才智。

"盒子"

身为一个孩子，我们极度需要大人的引领与指导，因为我们极度需要去了解自己所探索的这个世界，也极度需要找到某些标准来告诉我们如何判定对与错。在某种程度上说起来，我们的父母以及我们成长过程中的文化背景，或多或少提供了我们行为的准则以及生活里的道德观。因此，在这个过程中，我们的父母以及我们成长过程中的重要师长，都非常认真把所有他们认为我们需要了解的观念灌输给我们，以便我们能够成为一个快乐的好人。

然而，这种方式本身就有问题。

第一，如果我们从来不曾检验和质疑我们所接受的这些教导、规范与道德观，它们就永远不会真正成为我们自己的一部分。我们只能够根据别人告诉我们的方法行事和生活，但这让我们没有办法在生活中真正发挥自己的了解和智慧。

第二，我们所接受到的指导往往来自强烈的恐惧、压抑和无意识的传统。

第三，那些规范和生活方式或许全然适合我们的父母和师长，但却不见得适合我们。

然而，身为孩子的我们尚未拥有清明的意识与力量，没有办法质疑人们所灌输的规范与价值观。所以我们只能无意识地接受它们，然后改变自己去适应这些规范，却完全不知道自己到底做了什么。我们许多人甚至在成长之后，仍然毫不质疑地全盘相信自己幼时所接受到的价值观和道德观，而没有意识到这些价值观给自己所带来的限制。

我们每个人都拥有自己内在的声音，这个内在的声音能够告诉我们什么东西适合自己，让我们知道自己想要些什么，以及该如何去过自己的生活。如果曾经有人鼓励过我们去倾听这个内在的声音，我们就会发展出生存所需的智慧。但是我们大部分的人所得到的制约是相反的，我们学习到的是“不要去倾听自己内在的声音”，以至于我们根本很难去听见这个内在的声音。我们大部分的人所学习到的是去倾听别人的意见，因为他们才知道什么对我们是最好的。但是，当一个孩子从来不曾被支持去信任自己的感觉与知觉时，他会失去宝贵的自我敬重以及自己拥有力量的感受，他会开始发展出不安与羞愧。所以可以说，我们从来并没有被教导如何发展出自己的智慧，我们得到的只有道德教条。而且大部分的父母都认为，如果他们没有灌输孩子这些道德教条的话，孩子就会变坏。但是事实上，如果一个孩子感觉

到自己是被爱、被支持的，而且他也得到大人的鼓励，能够按照自己本能的聪明才智发展出属于自己的价值观时，他反而会成长成为一个更健康、更强壮、更慈悲的人。

我们把自己在孩童时期所接受到的行为规范、法则与价值观称为“盒子”。让我们用比喻的方式来说：我们每个人从小都得到一个盒子，人们用各种语言或非语言的方式告诉我们，只要我们生活在这个盒子里面，按照这些既定的方式来思考行事，我们就会得到爱、尊重与赞赏。所以，伴随这个盒子而来的是既定的规范与价值观，它告诉我们什么叫作好人，哪种行为能够帮助我们得到爱、成功与尊重。感觉起来我们就像是坐在盒子里面，而人们告诉我们的各种规则、标准、道德观与生活准则都写在盒子的内壁上。

从某种程度说来，有这些规范、标准、道德观可供参考是一件舒服的事，因为它带给我们一种安全感，让我们知道只要我们根据这些规范来生活，我们就是好人。除此之外，这个盒子也带给我们一种认同感，让我们知道自己是谁，知道自己在这个世界上的定位以及自己需要扮演的角色。

身为一个孩子，我（克里希）非常舒适地生活在我的盒子里，而且我从来没有怀疑过它对我会有什么样的限制。我觉得舒适自在，我得到的信息是我的父母知道什么对我来说是最好的事情，身为孩子的我最佳的选择就是听他们的话，跟随他们的指导。当我们置身在一个温馨的盒子里时，往往会需要更多时间才可能有所突破而离开。不幸的是，这个盒子跟“我是谁”“我的本质为何”，还有“我需要什么才能够支持我找到自己”这些事情都没有太大的关联。

我（阿曼娜）的过程和克里希的过程相当不一样。有一部分的原因是因为我从来不曾真正拥有过父亲，我的盒子不像他的那么舒适，所以我也比较容易看到其中的谎言。

有两部相当震撼人心的电影，完美地呈现了一个人在盒子当中成长的过程——《欢乐谷》（*Pleasant Ville*）和《楚门的世界》（*The Truman Show*），在其中我们可以清楚看到人们在盒子当中是如何被灌输给予了一个错误却舒适的自我认同，所以我们常常在带领的工作坊中放这两部电影。我们的内在深处或许觉得空虚，觉得有些事情不对劲，但是我们不见得知道到底是什么不对劲，因为我们还没有冒险离开过自己的盒子。当我们待在盒子里的时候，盒子里的一切我们都非常清楚而熟悉，但是让自己持续地待在盒子里对我们自己的真实本质与存在是一种背叛，因为它限制了我们的潜能，也限制了我们的发展与自我实现。只要我们还待在盒子里，我们就不可能得到真正的满足。

渴望真实与害怕改变之间的冲突

通常我们内在有一个强烈的机制会阻止我们脱离盒子，甚至不让我们觉知到自己正置身在盒子里的这个事实。一旦我们脱离了从小接受的规范与传统，我们很可能会开始遭到焦虑与罪恶感的袭击。而且这些感觉往往是一种非理性的原始恐惧，害怕自己被驱逐、害怕自己不得不离开自己挚爱的人，也害怕自己不得不离开那些能够保护我们生存的人。

最近，我们在日本带领一个工作坊。我们花了一个下午的时间做了一些极为激烈的能量活动，以便支持团体成员脱离他们自己的盒子。其中有一个女人在团体分享时告诉我们，当她开始去质疑那些来自家人及社会的规范与传统时，她害怕自己会因此而失去家人和朋友。当时，我们问她朋友的定义是什么，她说朋友就是你会花时间和他们在一起的人。但是她并没有想过，如果那些她花时间相处的朋友没有办法支持她绽放成为一个独特而且爱自己的人，或许那意味着他们并不是她真正的朋友。

进行内在的工作是一件危险的事，因为它会唤醒我们的智慧，让我们开始发现，以往我们无意识所接受到的规范以及赖以为生的法则再也不适合我们了；同时我们也会注意到，许多以往我们以机械化方式不断进行的事情再也无法吸引我们继续下去了。这些领悟常常会令人感到惊吓，因为那表示我们的生活需要有一些根本上的转变。也因此我们开始会在“热爱真实”以及“恐惧改变”这两者之间不断地挣扎撕扯。

在我们的工作里，我们经常会碰到这样的冲突。有人或许来参加了一个工作坊，开始质疑他们自己盒子里的价值观，但是当他们回到家里，再次感受到传统与家人的压力时，这种工作对他们来说就变成是一件令人害怕的事情。也有很多人报名了工作坊，却常常在最后一秒钟因为“生病”或“家庭义务”而取消。或者当亲密关系中的其中一人开始进行内在的工作，开始质疑自己成长过程中的盒子时，他会因为害怕亲密关系受到威胁而停止。也有人认为质疑这个盒子的存在会威胁到他们与伴侣和家人的关系，这种威胁感让他们心生畏惧而难以跨出这一步。这种种恐惧都是可以理解的。

当我们赖以生存的信念与价值观受到动摇时，那是一件让人极度害怕的事情。但是一旦我们品尝过真实与自由的甜美滋味时，我们就永远也难以忘怀，因为它会变成是一种不断萦绕在心头的渴望。一旦你看到盒子为自己的生活所带来的限制，你就难以继续像个机械人一样地生活，从而觉知到这种生活方式的痛苦，也会注意自己其实耗费了多少宝贵的时光。

来自真实的拉力通常强过于来自恐惧和安全感的拉力。但是它们彼此的差距是如此细微，所以我们常常会开玩笑："真实"常常只在最后那瞬间赢过"恐惧"。

在我们的生命里，最让人感到恐慌的一步，或许就是开始去挑战盒子所带来的规范与道德观。根据我们的经验，质疑自己曾经接受过的制约，并且以我们的智慧来取代制约，会需要一段相当长的过程。而没有任何既定规范的生活是一件让人倍感惊慌的事情，所以我们常常会发现，自己虽然扬弃了旧有的盒子，但却又再度钻进了另一个新的盒子，再度不假思索地依据新盒子里的规范行事。但是即使如此，这对我们鼓起勇气踏出旧有盒子的过程而言，仍然是必要的一步。**只有到最后，当我们终于获得足够的自信与自我信任，能够按照自己的智慧一个片刻接着一个片刻地生活时，我们才能够抛下过去旧有的概念，按照当下的情境去回应和生活，也唯有此时，我们才能够真正不带盒子地生活。**

辨认出我们的盒子

在我们脱离盒子的过程当中，我们需要进行的第一个步骤，就是开始觉知到自己正置身在一个盒子里这个事实。从我们开始有所觉知的这个片刻起，我们就开始了自我追寻的过程。在这里，我们可以通过某些问题，开始学习辨认出自己特有的盒子。

1．过去我们需要做什么来得到爱与注意？现在我们又是通过什么样的行为来得到爱与注意？

2．关于当一个好人，我们过去所受到的教导是什么？一直到现在，在我们的概念里，我们认为要如何才能够当一个好人？

3．我们在过去扮演过什么样的角色来让自己感到舒服，并且能够得到别人的敬重与赞赏？现在我们还在继续扮演什么样的角色？

4．在你的生命中，什么事情是可以做的，什么事情又是不可以做的？比如说，在性欲上，在表达愤怒、创造力、喜悦、悲伤还有其他情绪的这些向度上，哪些事情是可以做的，而哪些事情又是不可以做的？直到今天，生活中有什么样的情绪仍然会让你开始批判自己？

最近，我（克里希）和一个极为聪明而且事业有成的意大利人进行个案。他的困难是他从自己的妻子那里感受不到性的吸引力，所以他有过几段外遇，而其中一段外遇开始变得深刻而重要，所以他和那名外遇的女子相处的时间变得越来越多。当我问他是否曾经告诉妻子这种情况，他对这个让秘密曝光的念头感到惊讶不已。一开始，他告诉我说：“那对她的伤害太大了。”但是慢慢地他开始能够看到，是他自己对破坏婚姻与家庭“和谐”的恐惧让他无法诚实地面对妻子。显然他还没有准备好对妻子诚实以待，而且也还没有意识到他为自己的不诚实所付出的代价是什么。

在他的童年时期，他的父亲一直都有外遇，而他的母亲也一直对他——她唯一的儿子，哭诉他父亲外遇的状况。现在，他的生活和他父亲过去的方式一模一样，他因为自己无法对妻子诚实而有罪恶感，但同时也没有勇气打破现状，让自己自由。他牺牲掉的是自己的尊严以及对自己的尊重，而一旦失去了这两项东西，他将很难爱自己，让自己成长为一个完整的人。因为对妻子诚实相待的恐惧与惊慌太具有压倒性，所以他选择待在不诚实的盒子里，而没有办法成为一个以自己为荣的人。

处理自己的愤怒与悲伤

当我们的幻象开始动摇，并且开始看到制约的弊端时，我们往往会开始对自己过往所受到的压抑以及被灌输的错误道德观感到气愤。这种愤怒能够唤醒我们自己内在的力量，帮助我们再度找到对自己的信任，所以它其实是一股健康的能量，它能够清理掉我们多年来的顺从与妥协。当我们感到愤怒时，我们不仅会对父母亲感到愤怒，我们也会对我们所生长的社会感到愤怒，气愤它曾经这样虐待并扼杀了孩童的天真与信任。除此之外，我们也会对所有那些鼓励压抑而不懂支持的儿童教育方式感到愤怒，而那正是我们的父母从来不曾质疑过的教育方式。事实上，这些负面的制约是如此的普遍而具有影响力，所以除非我们开始注意到自己在生活上所碰到的困难与障碍，否则我们根本不太会去质疑它们的正确性。

当我（克里希）开始精神科住院医师的实习生涯时，我发现自己进入了一个新的世界。在那里我开始质疑起许多传统的保守观念，特别是那些讶异于人们为什么会有情绪障碍的传统观念。我必须承认，从一开始，我就像一个愤怒的叛逆者，带着自己的观点来观察一切，但是不久我就发现有一个主治医生有着和我类似的看法。和我一样，她也对心理治疗比较有兴趣，而不是那么认同这种以生理学为主的精神科治疗方式。在我们认识不久后，她给了我一本艾丽斯·米勒（Alice Miller）的书，书名是《天才儿童的舞台表演：寻找真实的自己》（*The Drama of the Gifted Child:The Search for the Trueself*），我花了一个晚上的时间看完整本书，然后又接着读遍她所著的其他书籍。

后来，她介绍我去跟海因茨·寇哈特（Heinz Kohut）一起工作。对我来说，那是一个不得了的经验。某种程度说来，这帮助我清楚了解了我以往从来无法理解的事情，那就是孩子是如何被我们所谓的“平常制约”所伤害的。以一种极为简化的方式，寇哈特说：“每当孩子得到一个他所需要的正面回馈时，他能够因此学习到什么叫作自己、什么叫作真实，他也因此能够发展出一种实现自我潜能的能力。”所谓正面的回馈是指大人能够适当反映出一个孩子所具有的真实自己与潜能。但是如果一个孩子的潜能和真实的自己没有得到适当的回馈时，这个孩子的人格会因此而变得破碎，他会开始发展出羞愧与严重的不安全感。然后他会创造出一个虚假的自己来弥补这个严重的羞愧感，变得过度自恋或自私。事实上，当时的我就像寇哈特所描述的一样，是一个自恋又自私的人，总是试图用外在来弥补内在极度的不安全感。后来，我也在我的病患身上看到这种状况是如何被发展出来的。

当时，在精神医学的领域里有一种有别于心理治疗的强烈倾向（特别是在我当年所就读的加州大学课程里），它们认为大部分的情绪障碍都是由生理上的因素所造成的。而精神医学的这种取向引发了我的叛逆心，我可以感觉到西方社会是多么地沉溺于这种快速修复的方式。事实上，情绪工作是一种深沉而且费时的工作，但是这种偏重生理因素的主张就像是在向人们鼓吹：只要吞颗药丸，你所有的焦虑和恐惧都会消失于无形。更严重的是，我觉得这种取向让我们偏离了真正的解决之道，也就是提升社会意识以及改进孩童教育的进行方式。此外，我同时也认为它助长了人们的一种错误观念，让人们轻视了社会制约、学校教育与家庭环境对孩童问题的影响，更让人们以为所有的情绪障碍都是由生理因素所造成。艾丽斯·米勒的工作也证实了我的这种感觉。她说："社会通过压抑、暴力和争吵压垮了孩子，而传统的情绪治疗方式则更加助长了人们的这种虐待。"此外，保险公司对于心理治疗赔偿的犹豫以及制药公司提供给精神科部门的大笔补助，都一再助长了精神医学强调生理因素影响情绪的这种看法。

在我的实习住院医师生涯期间，曾经发生过一个让我极度叛逆又印象深刻的事件。当时我正在进行青少年保护工作，负责治疗一个被认定有忧郁症的青少年。（我和传统精神医学的最大分歧大都是发生在孩童与青少年案例上。因为大多数的时候，我觉得这些极度敏感的孩童与青少年之所以会有心理障碍，起因大都是来自他们生活环境中的暴力事件。）我每天都会花时间和这名青少年进行谈话，所以慢慢地，我开始了解他背后的故事。他是一个极度敏感的孩子，而他的父亲对于他的课业与体育成绩施加了相当大的压力。这些压力对他来说太过沉重，所以他开始出现严重退缩的现象。当时，我被要求在精神医学部门的主要会议中提出这个案例。（在每一次的主要会议中，住院医生会提出自己的案例，而资深的医师会就案例进行讨论，决定治疗的路线与方式。）

在我说明完这名青少年就医的原因，以及过去两周身为住院病人的进展之后，接下来大部分的讨论，都在生理标记和忧郁测试等无法提供多少协助的主题上打转，完全没有提及任何心理动力方面的因素。接着他们做出结论，认为应该把这名青少年转到抗忧郁的治疗路线上，再接下来他们就开始讨论该给这名青少年服用哪一种药物。当时我气坏了。首先，我觉得我和这名少年之间已经开始有了一些进展；再者，我觉得让他接受药物治疗是一个完全不恰当的治疗措施。那就像是纵容家庭虐待，转移掉真正的焦点，并且忽略了整个家庭都需要进行治疗的这个事实。当我说出我的观点并且强烈表达出我的反对意见时，所有的与会者都认为我实在是太离谱了，居然敢质疑他们的看法。

另外一次，当我还在青少年服务部门工作时，我们有个会议讨论到孩子们会喜欢听什么样的音乐。基本上，大部分的青少年喜欢的音乐多半是充满愤怒、一堆脏话和反叛传统的音乐。当时，有一名资深医师认为这些音乐对青少年具有破坏性的影响，因为音乐会诱发他们的反弹行为与暴力。我则完全反对他的这种看法，因为我觉得这些音乐对青少年来说是一种极为重要的宣泄，音乐不只表达了他们内在的阴暗面，也表达了他们父母亲的阴暗面。此外，音乐也表达了他们埋藏在内在的愤怒，愤怒于自己生长在这种充满压抑与控制的环境中，必须吞咽下许多规则与虚伪的道德教条。结果我们对于这个主题又有了一场争吵。我想当我终于毕业时，那些教学医师一定非常高兴。

我们的愤怒往往是一道通往深沉悲伤的大门，哀伤于孩童时曾经遭到如此的创伤。常常我们对于自己的伤痛是如此的疏离，以至于我们只能够从他人，特别是孩子的身上去感受到这些情绪。而在经过多年的戒备与保护自己饱受创伤的心之后，要放掉这些戒备，再度去感受自己内在的创伤不是一件容易的事情。对有些人来说，我们曾经遭到的惊吓是如此的巨大，所以我们需要极度的耐心与接纳，才能让自己再度联结内在受创的灵魂，并且真实地感受到那些伤痛。体验自己内在的惊吓常常需要花费很长的时间，而有时候一场电影、一首歌，或者当我们看见无助的动物或孩子受苦、受虐

时，都会打开那道通往内在深沉悲伤的大门。事实上，这也可以是一个完美的开始，因为我们在外面所看到的伤痛其实反映了我们自己内在的情绪，这样一份认知能够帮助我们开启自己重新感受与治疗的过程。

当我们质疑自己曾经接受过的社会制约，重新检验在自己成长过程中所形成的盒子时，我们并不需要紧抓着愤怒与怨恨不放。但是，我们需要唤醒这份愤怒，以便能够再度去联结到自己失去的力量。我们需要自己的力量，让我们能够全然地生活在此时此地，并且保护自己不陷于任何不当的事件。也是这份力量让我们最终能够来到一个阶段，能够真诚地感激我们从父母那里所接受到的一切事物。当我们再度获得自己的力量时，我们会自动丢掉那些“我们是错误制约受害者”的幻象。因为每一个人都曾经接受过错误的制约，就某种程度上来说，那是一种蒙尘。但是当我们开始通过自己的智慧来生活时，我们也就终止了这种无意识的复制。更进一步地，当我们开始质疑自己所承袭到的价值观、标准与规范时，那并不表示我们需要拒绝所有的制约，我们唯一需要的是拒绝那些再也不适合我们，并且不符合自己的聪明智慧的部分。

第六章 骆驼、狮子与赤子
——尼采的人类意识发展阶段

谈过了制约我们的牢笼，我们可以往前进展，真正来到脱离的过程，也就是“脱离盒子”的阶段。德国伟大的哲学家尼采以三个阶段来描述人类意识的进化。

他把第一个阶段称为**“骆驼”**，骆驼的阶段是属于童年制约的阶段，在这个阶段里，我们尽可能地让自己去消化父母亲和前人所给予的模式、价值观和行为。身为骆驼，我们承接了过去的智慧，但是我们也同时消化吸收了我们的父母亲、师长以及前人的无意识、偏见与压抑。身为骆驼，我们总是在说“是”。我们毫不怀疑地接受来自过去的教导。如果我们永远停留在骆驼的阶段，我们就会一直停滞不前，我们的意识也没有办法得到成长的机会。

第二个阶段，尼采把它称之为**“狮子”**。如果我们想要往前跨出一大步，我们就需要来到“狮子”的阶段，叛逆并且反对所有旧有的一切。狮子总是说“不”。他质疑所有来自过去的价值观与行为，还有他所接受到的所有教导。狮子怒吼着反抗过去的压抑、陈腐、安全感、已知和熟悉的部分。他突破传统的束缚，勇敢地迎向新事物。只有通过成为狮子，我们才能够实现自己身为人类的真正潜能。但是狮子的阶段仍然有其限制。如果我们一直停滞在狮子的阶段里，我们可以花上一辈子的时间不断地怒吼，甚至因此开始建立起某种自我认同，不断怒吼着反抗权威与规范，并且盲目地“为反抗而反抗”。同时，当我们要跳脱“骆驼”的阶段而来到“狮子”的阶段时，那需要极大的勇气，因为我们会开始面对他人的反对，甚至是来自“骆驼”的谴责。而“骆驼”的数量远比那些找到勇气成为“狮子”的人多得多。

然而，不论如何，还有另外一个阶段需要更多的勇气，那就是再度成为一个**“赤子”**。根据尼采的说法，“赤子”这个阶段是人类意识的最后一个阶段。赤子已经超越了“是”与“不”。一个“赤子”的身上既没有骆驼的顺从，也没有狮子的反抗，他处在一种放下的状态里，他处在一种如实接受生命与他人的状态里。但是不论何时，当情境需要时，他又能够运用狮子般的力量去行动。赤子是一种回归天真与信任的状态，那不是骆驼盲目的天真与信任，而是一种带着智慧与成熟的天真。

尼采的“三阶段论”描述了脱离“盒子”的过程

当我们开始信任，并且再度对自己具有自信时，我们才能够开始发展出成熟的信任。为了要发展出这样一份自我信任，我们需要去探索自己；而为了能够探索真实的自己，我们则需要脱离自己的盒子。我们在盒子里成长、发展出来的自我认同无法符合自己真实的存在，所以为了要能珍惜自己，要拥有聪明抉择的能力，并且表达出自己身为人类的独特性，我们需要做的就是让自己脱离旧有事物的压力与影响，并且开始敞开自己去接受新的思考方式以及新的生命方式。

身为**“骆驼”**，我们没有办法信任自己，因为打着“和睦”的旗帜，我们只会不断地妥协，这让我们没有办法发展出成熟的信任。所以在这个脱离的过程中，我们需要去质疑所有一切我们曾经接受过的教导，为自己重新探索、了解什么叫作真实，什么叫作真诚的生活。当我们还在盒子里的时候，我们从来不会有任何质疑，那是一种骆驼的生活。骆驼的美在于我们因此发展出了根基、传统，以及一种归属感——这些事物会永远地跟随我们，在一段时间之后，我们可以珍惜这些礼物。但是除非我们开始“脱离”的过程，不然它们一直都会是一个牢笼。它们是无意识的，我们也是无意识的。

身为**“狮子”**，我们叛逆并且反对旧有的事物。有时候，在这个过程中跟着出现的，是我们对盒子里种种规范与标准的愤怒。这种愤怒唤醒了我们的力量与勇气，而那正是我们在脱离过程中所需要的一部分。特别是在脱离过程的初期，我们常常会觉得自己像在对抗全世界一样。这时候，如果能够得到其他“狮子”的能量的支持，会是一件非常有帮助的事情。

当狮子的阶段出现时，它呈现的方式可能有好几种。有些人呈现出来的方式相当的彻底和剧烈，它让我们公然地离开生养我们的人，开始保持一段物理上的距离；而有些人的狮子阶段呈现的方式则比较微妙，那可能是一种私底下的蔑视、破坏和怨恨。有时候，我们甚至不见得会发觉自己的叛逆，但是我们在行为上却明显地反抗权威，甚至有时候这种叛逆会一直延续到长大成人以后的生活。但是，狮子的出现永远都不算晚。

当然也有的时候，我们不见得会去反抗生养我们的父母，但是我们会去反抗其他的权威人士，反抗我们的文化与宗教压抑。我们曾经碰到过的某些学员，他们都是在孩子长大成人之后才进入狮子的阶段，他们开始脱离自己以往从来不曾质疑过的生活形式，也开始脱离自己那死气沉沉的婚姻。

在狮子的阶段里，最重要的是一个人开始恢复了自己的力量，就像是一只睡狮再度苏醒一样。所以，我们越能清楚地意识到自己正在经历的狮子阶段，它就会变得越健康。

当脱离的阶段慢慢地来到尾声，而我们也开始感受到自己的本质时，我们会很自然地迈入最后的一个阶段，也就是**“赤子”**。在这里，我们会重新发觉自己的天真，而且这份天真与我们孩童时期所拥有的天真有着全然不同的品质。现在的这份天真是成熟而且经得起考验的，因为我们曾经找到勇气去经历“狮子”的阶段。只是当我们来到“赤子”的阶段时，我们会开始放掉“狮子”的愤怒和怨恨，因为我们不再需要这些情绪，它们不再符合我们自己内在的状态，而我们的心和本性也不想要抓紧任何愤怒与怨恨。

而且更进一步地，我们可以带着一种新的光亮，自由地，再次去探索自己的过去。**对于过往所承袭的事物与传统，我们现在可以开始欣赏它们的美与丰富，而不需要接收那些随之而来的压抑以及无意识部分。我们可以再度拥抱传统所带来的那份归属感和其中的智能，而不再为它们所控制。**

在我们的经验里，这三个阶段并不会按照线性的方式演进。有时候，在生命中的某些情境里，当我们和某些人相处时，我们或许会感受到赤子的天真与成熟，结果在其他的情境里，我们则可能还处在骆驼的深沉的无意识或狮子的叛逆里。但是不论如何，通过这样一个三阶段发展的观点，我们比较能够带着一份慈悲来观照并且了解自己所经历的过程。在下一章里，我们会以更详尽的方式来继续介绍脱离的过程。

第七章 脱离过程所带来的力量
——突破以及再度联结我们的根

你的路从另一端开始　成为天空
带着斧头来到牢狱之墙　逃脱
像一个生来就色彩鲜明的人走出来
现在就做

鲁米（Rumi）

脱离我们的根，这一步或许是我们心灵成长过程中最具有影响力，也最能够赋予我们力量的一步，但它大概也是成长当中最令人感到害怕与挑战的一步。脱离之所以会让人感到惊慌，是因为我们一直带着极大的恐惧，害怕自己被处罚、被逐出家门、被朋友排斥，还有害怕自己找不到新的认同方式来取代我们极欲丢掉的旧有认同。然而同时我们的内在深处又知道，经历这个脱离并找到真正的自己（脱离以及个体化）的过程是很重要的。所以，我们常常感觉有两个不同的自己正走向两个截然相反的方向，其中一方催促自己去破除一切以找到自己，另外一方则催促自己留住所有这些熟悉的、已知的舒适与安全感。但有趣的一点是，如果我们不曾有意识地脱离自己的根，我们就会持续不断重演这个脱离的过程，而且是和我们现在生活中的重要伴侣重演这样一个过程，而这往往会对关系带来严重的伤害。

重新检验我们的价值观

在我们的工作里，我们常常会用到一种方式来协助人们进行这个脱离的过程，那就是开始觉知到我们内在所携带的制约，比如自己应该如何生活等。我们会建议人们连续几天随身带着一本记事簿，随时记录下自己各方面如饮食、性、工作、金钱、教养孩子、家庭、衣着、清洁、愤怒与任性、情感、成功和失败等的制约。一旦人们可以看到自己的信念时，我们会要求他们去检视一下，这些信念是否和自己孩童时期所接受的规范有关，不论那些规范是以语言还是非语言的方式所接收到的；然后我们也会要求他们检验一下，这些规范和信念是否仍然适用于现在他们想要的生活，还是已经变成一种无意识的机械化教条。

这个检视的目的在于让人们有机会去感觉，如果他们排除了这个不再适合他们的信念与规范，那么生活会是什么样的一种情况。有时候人们或许准备好要丢掉这些信念，但有时候任何一种改变都会带来巨大的惊吓与威胁。

在我（克里希）大学毕业之前，大概是毕业前几个星期吧，我到宿舍楼下去看我的一个朋友。我们求学时都住在同一个宿舍里，一旦毕业后大家就马上分道扬镳。就我所知，当时大多数的同学都计划继续求学深造，但当我走进这个朋友的房间时，我非常惊讶地发现他看起来一点也不像是要进研究所或继续求学的样子，地板上还散放着各种登山用具。我问他对未来有什么打算，他却告诉我他其实并不知道接下来要做什么，他只知道自己需要暂时脱离这个学院世界，所以他计划到尼泊尔去登山，然后再到泰国的海滩度假休息，什么都不做。

一开始，我认为这种决定真是再疯狂不过了，这种决定或许对他来说是个好主意，但是我绝对不可能这么做。但是，那真的不适合我吗？他说的话影响了我，我不断地想着这件事。在和他碰面之前，我很确定自己毕业后会继续进入医学院念书，我已经被医学院录取了，而且这也是我的家人和制约为我所设定的人生步骤。但是我的朋友在我心里种下了一颗种子，所以当我上台领取证书，院长问我未来有什么计划时，从我嘴里脱口而出的句子居然是：“我也不是很清楚。”当时我的家人受到极大的惊吓，我那个在读医科三年级的哥哥更是直接问我，为什么不告诉他我要进入医学院念书。在充满罪恶感和不安的状况下，我当时只能告诉他，那样的响应似乎是我当时最诚实的回答。

虽然我感到极度的困惑与搅扰，不过我还是进了医学院，因为我仍然没有足够的勇气脱离我的制约为我所设定好的人生列车。但是三个星期之后我就离开医学院，开始了一段我觉得全然失落、抑郁又缺乏方向的时期。我参加了当地的一个和平组织，花了好几年的时间在黑人小区里工作。然后又搬到加州，有三年的时间我变成一个嬉皮士，住在一个小区里。我试着去质疑我在成长过程中被灌输的信念，也尝试过那些会引起幻觉的药物。我遇到过各种不同的人，和他们生活在一起的结果是我开始练习瑜伽，开始做一对一的治疗个案和成长工作坊，也开始感受到我从孩童时期就已经出现的羞愧与伤痛感。也是这个时期，我过去一直携带的一个幻象破灭了，这个幻象就是“我从小接受的是一种完美的教育”。我开始看到自己以往一直被灌输的其实是一种充满强迫性、批判以及疯狂强调成就与目标的态度。我也看到在我努力适应并且符合这些价值观的过程里，我其实充满了羞愧与痛苦。我们的制约往往是这么的深沉而又充满了无意识，在我的内在追寻过程中，我需要面对一层又一层越来越深的制约，也不断地去检视到底哪些对我而言是真实的，而哪些又只是一种习惯。这个检视过程一直到今天仍然在持续着，因为还有许多更深、更细微的层面等着我去检视。

支持内在蜕变的适当环境

存在似乎常常会丢给我们一些机会，支持我们脱离自己的根。当时机成熟时，我们可以好好运用这些机会。很难说是什么让我们觉得自己准备好了，但是那似乎是一种内在和外在环境的契合。在内在，我们或许会对旧的事物开始感到厌烦，想要寻找某些新的东西；然后，当存在的支持出现时，它可能是瞬间的灵光乍现，或是以某种全新而不同的面貌出现。

我（阿曼娜）在16岁的时候碰到一个朋友，她变成我打开眼界、接触不同世界的触媒。当我第一次拜访她家时，我非常惊讶于我们两个家庭之间的差异，除了几幅佛教和尚和西藏的照片以外，她家的公寓里几乎空无一物。她的母亲是个佛教的尼姑，所以她大部分的时间都待在印度和法国。相反的，我从小成长的家布置得非常舒适，到处铺满了地毯，所以不像她家那样具有空间感。这个经验让我的内在深处受到搅动，我发现如果我继续留在丹麦和家人住在一起，我就没有办法找到自己一直在寻找的东西。我必须离开，必须到别的地方去体验不同的生活，获得一些不同的见解。而且那时候的我一点也不喜欢我即将成为的那种人，如果我继续待在那里，那我就只能根据已经写好的剧本过日子，完全没有自己的生活。

在那之前，我大部分的时间都用来读书，并且一直是学校里的前几名。我甚至在5岁的时候就可以流利地阅读书籍，而且我总是会选择念书而放弃玩耍，稍后我也是把大部分的时间都花在图书馆里。12岁的时候，我就已经开始质疑成人们的生活方式。我不喜欢我在自己身边所看到的状况。我知道如果一切就这样继续下去的话，生活里不会有任何属于生命的快感。而我的家人对任何一种形式的灵性追寻都不感兴趣，他们对超出日常生活的事物一无所知，对于灵魂的追寻、生命深沉的探索、人类意识的发展也没有任何感觉。他们只有在进行洗礼、坚信礼、婚礼和丧礼的时候才会去教会，而且就算去了教会，他们也是为了典礼上的食物以及和亲友聚会，至于教会本身以及牧师所说的话从来就不是他们关心的重点。所以在我的成长过程里，我始终有种少了些什么的感觉，而我一点也不喜欢那种感觉。

所以有一天，我从学校回家，告诉母亲我决定从高中辍学，然后和朋友到西班牙去。当然，她气疯了。她尝试用各种方法来改变我的决定，但我还是坚持不变，于是在几个星期后我离开了丹麦。西班牙是一个和丹麦全然不同的国家，丹麦是理性、控制、适当、讲求均衡且温和的，相比之下，西班牙则是热情、热烈、充满张力与情绪化的。在丹麦，我已经和我的身体与情绪变得非常疏离，而我知道自己需要再度打开身上的这些向度。我和我的朋友飞到了牙买加，我们几乎马上就进入一种全新而又充满了刺激的生活。我们很容易地找到了工作和住所。到了晚上，我们常常在舞厅里跳舞到黎明，并且开始和异性约会。

自从长大以后，那是我第一次感觉到自己是活生生的。同时，在那段时期当中也发生了一件最惊人的事，那就是我的视力完全恢复了。在我7岁的时候，也是在我父母亲分手之前，我开始出现严重的近视，平常总是得戴着厚重的眼镜。而在那里，我突然间发现自己再也不需要任何眼镜或隐形眼镜。所以，我真正需要的其实就是离开我的家人，离开我从小扮演到大的那个负责任又严肃的角色。生活在一个没有人认识我的国家令我如释重负，我可以让自己全然地重新开始。新生活不仅开拓了我的视野，甚至让我再也不需要眼镜。

中断接触的重要性

当我们开始进行脱离的过程时，我们通常是从搬离原生家庭开始。但是，也有可能早在我们离家之前，我们就已经相当叛逆而开始这个脱离的过程；又或者，这个脱离的过程开始于当我们感受到外在世界的召唤，而那和我们原本熟悉的保守环境是如此的不同。但是无论如何，这些叛逆、反抗或离家的行为都只是一个开始而已。尼采的“三阶段论”之所以如此精彩，就是因为他在其中提到，叛逆以及身体上的脱离都不是真正的脱离。

如果我们希望这个脱离的过程能够成为一种经过整合且深沉的内在经验，我们就需要去找到“我是谁”，并且对自己所有过往的一切和平以待。

所以，只是身体上的脱离并不会带来真正的脱离（虽然那确实是很好的一个开始），而不断地对抗自己的过去也无法带来真正的脱离（虽然这也是脱离初期必要的一个阶段）。

有时候，在脱离我们的制约的过程中，很重要的第一步就是离开我们的父母和家人，暂时切断彼此之间的接触。不过这件事情本身就具有相当的困难度，往往会令人感到害怕与恐惧。在我们的工作里，我们常常发现许多人即使在长大成人之后仍和父母住在一起，或是在情绪上仍然与父母保持密切的联系，却没有发现自己为此所付出的代价。

在一个工作坊中，有一个四十出头的男人在团体进行分享时告诉大家，他和女朋友一直持续不断地争执，因为她总是抱怨她可以感觉到他母亲的能量一直围绕在他身旁。他的母亲会替他买衣服，替他装饰他的公寓，还有他们几乎每天都会通电话。但即使如此，他看不出来这当中有任何问题，也没有办法了解为什么女朋友会有这么激烈的反应。当我们第一次向他指出，他和母亲之间有着多么深的羁绊，而这个部分又是如何影响到他的亲密关系时，他的反应是生气与防御。但是一段时间之后，他开始看到自己的生命其实严重地受到母亲的影响、侵犯与控制。所以几个月之后，他告诉他的母亲，除非他邀请她，否则他不希望她随意来拜访他或进出他的公寓，而且除非他询问她的意见，他也不希望再听到她对他的生活和住处的各种意见。对他而言，要跨出这一步需要鼓起相当大的勇气，但是通过这个决定，他开始感觉自己变得更有力量，也更有自信。

原生家庭的羁绊

我们与亲人、父母之间的羁绊是微妙而同时又有着巨大的影响力的，甚至在我们搬出家里之后，家人和父母对我们的影响力还是相当强烈，特别是如果我们还没有找到自己的价值观，还没有办法信任自己的聪明与智慧的话。只要我们还活着，我们所受到的制约就是去相信自己所接收到的价值观、标准和规范，我们因此而妥协，但却不了解这种妥协对自己的生命带来多么深远的影响。

最近，我们的工作坊中有一个三十多岁的男人在团体分享时告诉我们，他和他的母亲非常亲近，他的母亲几乎每天都会打电话给他，询问他的状况，同时也跟他抱怨她和他父亲之间的关系。他一直认为自己应该要花时间倾听自己的母亲，给予她应得的注意力，所以如果没有做到这一点，他就会有罪恶感。首先，他认为在母亲和儿子之间，这种情况是非常正常的；其次，他也无法了解为什么他和女人的亲密关系总是会有问题。但是经过一段时间之后，事情开始变得越来越明显。他发现如果自己向另外一个女人敞开自己或发生性行为的话，他就觉得自己背叛了母亲。所以我们鼓励他开始往前跨出一步，脱离他的母亲。在工作坊结束后，他向母亲解释，为了他自己的内在成长，他需要和她保持一些距离，当时她似乎蛮能够接受这一点，但是两天之后，她又打电话给他，跟他抱怨他这样的决定是多么的不好。很自然的，他又感觉到极度的罪恶感，他的决定也开始动摇。而在这次通话的几天之后，他的父亲也打了电话给他，问他要继续这个无聊的行为到什么时候，因为他应该知道这种行为让他的母亲非常伤心。

在脱离的过程里，有一层又一层的深层事件等着我们去探索。虽然我们已经开始过自己的人生，但是其中的陷阱仍然相当具有影响力。而且我们的人格是如此深受家人的影响，以至于我们无法看到自己惯性的行为以及我们是如何紧抓着自己的信念不放。

几年前，我们在罗马的时候，有一天，因为是假日的关系，所有的商店都关门了，只有一家叫作璀菲喷泉的店还开着。当时阿曼娜看到橱窗里有一件漂亮的男用毛衣，她建议我试穿看看，我则说我不需要更多的毛衣，而且不论如何，那件毛衣实在太贵了。在我的制约里，任何一件衣服只要超过一百美金就是被禁止的，特别是

“一个人不应该买任何不需要的东西”。但是因为从某种程度说来我也算是个衣架子，所以阿曼娜没有花多少时间就说服我买下那件毛衣。当我一离开那家店，还在回到住处的路上，我内在的法官马上就狠狠地攻击我：“你不需要那件衣服！你的行李已经超重了！那根本就是浪费金钱！这么多物质事物只会让你分心，远离你灵性的追寻！”如此等等。这些话语持续了好长一段时间，但是幸运的，我慢慢地有了足够的空间，能够从内在的法官那里脱身，不再把它看得那么严肃。我可以看到之所以会发生这种事情是因为我原生家庭的价值观受到这项“奢侈行为”的威胁。

脱离需要冒险

在脱离我们制约限制的过程中，我们能够做的最重要的一步就是允许自己去冒险。更精确一点地说，就是允许自己冒险去做某些我们心所渴望，而制约却会制止我们的事情；或者冒险去做一些别人说我们没有办法做到或我们不擅长的事情。这种形式的冒险能够为我们带来无比的力量，因为它释放掉那些被困在我们系统中的巨大能量，帮助我们扩展视野并且改变我们对自己的看法。通过这个冒险的旅程，我们对自己的认同会从一个羞愧、没有价值的人，而转变成为一个有能力且独特的人。

当我们说到冒险时，我们所指的并不是那些有勇无谋的大胆行为，相反的，我们指的是那种非常清楚，可以直接挑战我们制约的冒险，像是：

1. 把自己呈现出来，即使害怕被羞辱、反对或拒绝，但仍然允许别人看到我们。

2．寻找到我们自己的创造力，并且把它表达出来。

3．感受自己的感觉、性欲与生命能量，并把它们表达出来，不试图把它们隐藏起来。

4．允许自己生气，并且勇敢地直接面对那些不尊重我们的人。

5．允许自己呈现出脆弱的那一面。

6．去感受自己的恐惧、无助、不安全感，并且表达这些感觉。

7．去学习感受自己想要的事物、自己的需求，并且学习去满足自己的需求，给予自己所需要的。

8．当生命或他人不符合我们的希望和期待时，能够尝试去敞开自己，感受自己的伤痛与失望。

9．与其盲目地跟随我们自己所接受到的养育方式，不如勇敢地发掘自己养育孩子的方式。

10．成为一个诚实的人。

11．按照自己想要的方式来生活。

12．对于以往我们机械化地说“是”的事情，勇敢去说“不”。

13．把自己摆在第一位，即使那会让别人对你感到失望。

当我们不再寻求他人的赞赏时，循环就结束了

在我们的生命当中，当我们的自尊不再需要依赖父母师长的爱与赞赏时，我们就来到一个极为重要的里程碑。或许我们内在受到创伤的部分永远不会放掉对爱与尊敬的渴望，但是当我们来到某个阶段时，我们或许会发现，不论我们多么渴望得到父母的爱与赞赏，他们都无法真正按照我们期待的方式来给予我们想要的；我们

也会开始发现，即使不依赖他们，我们也仍然能够得到自己的尊严。这是灵性蜕变上一个宝贵而深刻的片刻，也是一个值得庆祝的片刻。因为只要我们仍然还期待从父母亲的身上得到些什么时，我们就会继续像个孩子般地回到他们身边，然后继续受困在同样的陷阱里，一次又一次地带着羞愧、疲倦、抑郁、没有办法爱自己的感觉离开，也一次又一次地强化了我们羞愧的自我形象。

当我们以一个完整的人的身份来到父母亲的身边，不期待从他们那里得到任何东西时，我们的心能够自然地敞开；当我们不以一种乞丐的身份，而是以一个给予者的身份回去时，我们甚至会为自己曾经接受到的东西感到感激。也是从这时候起，我们开始能够如实地看到我们的父母亲，能够看到他们本身所具有的限制与缺点，也看到他们其实也只是一个平凡的人类，尽其所能地做他们该做的事情。

我们有一个亲近的朋友，他和克里希一样是来自一个犹太家庭。多年以来，他一直非常在意而且难过于他父亲从来没有赞美过他这件事。二十多岁的时候，他到英国去学习针灸，不过他可以感觉到他父亲对他的看法，如果他学习的是西方医学，他父亲或许会稍微以他为荣一些。但是在他学习结束之后，他去了印度，成为一个成道师父的门徒，并且在他的社区里居住生活了许多年，结果那又是另外一件他父亲不会赞同的事。由于他是如此绝望地需要得到父亲的赞同，以至于这个需要开始出现在其他事情上，他开始努力寻求其他权威人士的赞同，而他也不断地觉得自己被贬低、轻视、没有得到支持。他和这样一个冲突对抗了许多年，到最后他的内在终于有了极为戏剧化的转变，他找到了真正的勇气，开始按照自己内在的引导来生活。他的针灸治疗现在发展得相当蓬勃，他也碰到一个美好的女子，发展出一个深度而滋养的亲密关系，他开始以自己为荣。然后在最近两次他回家拜访的过程里，他发现自己不再像以往那么强烈地寻求父亲的赞同，但是有趣的是，他的父亲反而多次告诉他，他有多么地以他为荣。

脱离的最后一个阶段：尊重我们的过去和再度联结

能够帮助我们找回自我尊重与信任的并不是狮子般的怒吼，虽然叛逆可以像个火箭筒一样赋予我们突破的力量，但真正能为我们带来力量的其实是尊重，**也就是当我们脱离自己的根时，我们同时能够去尊重自己从中学习并得到的事物。**我们的心并不想待在愤怒与怨恨的状态，那不仅令人难过，也创造出孤立感。但是我们必须允许这种脱离与痛苦，不论那需要多久的时间。我们需要脱离，好让自己能够有所成长。在我们脱离之前，由于我们没有办法和自己在一起，所以不论如何，我们都会感受到一种孤立感以及一种无意识的敌意。但是一旦我们脱离了自己的根，找到对自己的感受时，我们就能够再度回家。所以可以说，我们需要脱离，好让我们不会感觉到孤立。

我（阿曼娜）曾经有很长一段时间，为了脱离而没有和我的母亲有任何接触。那是一段极为痛苦和困难的时期，但是离开她，让我能够再度感受到我自己，却是一个极为必要的过程。因为我为了适应自己的家庭，扮演家里那个负责任的大孩子角色，我失去了和自己内在的联结。脱离是痛苦的，因为我的母亲真的是一个充满爱心的人，但是即使如此，她还是没有办法了解我当时所经历的过程。我曾经非常生气她没有给予我所需要的事物，我甚至生气她没有试图向生命要求更多的东西，我没有办法了解为什么她可以为自己的生命感到高兴。而她也不断地对我说："你就和你的父亲一样，永远不会满足于你所拥有的。"这句话让我感到难过，而同时我也可以了解她的恐惧，她害怕我会变得像我的父亲一样，最后终于放弃了生命。

我当时没有办法了解，无论如何她就是无法给予我所需要的，而且她不像我一样有着灵性追寻的渴求。我花了许多年的时间才能够接受这一点，能够看到她就是她。今天，我可以真正地感谢她，尊重她的每一点以及她曾经给予我的一切。她有一颗充满爱的心，而且我知道，如果没有她的话，我不会拥有对生命最基本的信任。

当我们从叛逆中成长而出时，我们会开始对前人感到感激，并且看到他们真实的状况。我们甚至可以接受自己曾经经历过的一切，把它当成是一个礼物，而不再是什么痛苦与困难。

我们可以再度联结到自己的根源和家人，而且能够以一种不同的方式来看待他们。经由许多有意识与无意识的形式，我们的生命、我们的命运和人格都受到父母以及生长文化背景的规范，一旦我们脱离了这些之后，我们就可以感谢"苹果从树上掉下来的距离不近也不远"。

不论我们喜不喜欢，也不论我们是否觉知到这一点，我们在许多方面都携带了传承的火把。一点一点地，我们会开始注意到我们和父母有多么的相像。我们会发现自己的思考、行为和说话方式和他们是如此的类似，但是我们以往却从来没有注意到。我们或许喜欢自己和父母亲某些类似的部分，或许不喜欢某些部分，但是不论如何，那都是属于我们自己的一部分。不仅跟我们的父母是如此，对于我们所接收的文化背景也是如此。只有当我们觉知到自己所承袭到的文化，接受它们，甚至能够从中找到力量时，我们的脱离才算真正结束。

通过脱离与再度联结，我们才真正完成了整个治疗过程的循环：我们已经经历过黑暗的隧道，并允许自己从受创的内在小孩的观点来感受那些从小就存在的伤口；我们也找到了勇气，脱离自己的根源，让我们能够找到真正的自己。

通过这趟旅程，我们觉知到自己和过去的联结有多么深远，并且能够带着感激来拥抱我们所承袭的文化。我们既不是拒绝过去的伤痛，也不是紧抓着它们不放。唯有如此，我们才能够感谢自己曾经经历过的一切，让我们变得如此丰富且具有深度。

第三部

生命中学习信任的课题

第八章 学习拥有力量
——找回自己的诚实与正直

在接下来的几章，我们会探索一些我们找到的生活工具，一些能够帮助一个人将幻象的信任与全面的不信任转化成真实的信任的工具。因为不论是生活在幻象的信任还是充满失望的不信任状态里，那都难以令人感到满足。而在我们将幻象的信任与全面的不信任转换成真实的信任的过程中，一个非常重要的部分就是关于力量的学习。

一个42岁的女人在最近的一个工作坊里告诉我们，她和她先生的性生活不是很顺利。她觉得每次当他想要做爱而接近她的时候，他的方式都让她觉得匆促且粗鲁；如果她说她不想做爱的话，先生就会觉得受伤而疏离。有一次她告诉他，在做爱的时候她需要多一点的时间以及多一点被照顾的感觉，而他的回答是他想要的是她的性能量，不是她的情绪问题。

我们问她："当他那样说的时候，你的感觉如何？"

她说："我想他大概是对的，我自己也认为有时候我太敏感、太情绪化了些。"

所以她尽了最大的努力去顺从他对性的需要，但是在那之后，她就开始觉得忧郁和愤怒。

我们问她："如果你用你想要的方式来做爱的话，你觉得情况会怎么样？"

她说："我甚至没有办法想象那会是什么样的一种状况。"

或许我们许多人在自己的生活中都曾经碰到类似的情况，那就是我们没有办法去感受到自己的需要和希望，也没有办法肯定自己的需要和希望。有时候，由于我们是这么习惯去适应周遭人们的需要，我们说的不是自己真正想说的话，做的也不是自己真心想做的事，结果到最后我们甚至不知道自己需要的是什么。而我们之所以难于信任他人，其中一个最主要的原因就是当我们面对自己生活中的人、事、物时，我们往往觉得自己是如此的虚弱无力。特别是当我们感受到冲突的危机时，我们很容易就觉得自己受到威胁，然后不得不屈服于他人的意见。这种状况让我们觉得难过，但是又无可奈何，所以我们要不是严厉地谴责自己不够强壮，就是谴责他人没有尊重我们或感受到我们的需要。

关于力量的课题，它或许是我们生命里最需要面对的一个问题。因为如果我们缺乏一种主宰的感觉，缺乏某种能够驾驭自己生命的自信、尊严与自我尊重，我们很容易就会觉得自己受到他人的迫害而萎缩起来。当我们觉得无助、受到迫害时，它不仅会损伤我们的自尊，也会减少了我们所可以采取行动的可能性。就上面那个例子而言，先生并不是造成问题的真正原因，因为就算她和另外一个男人在一起，她很有可能还是会碰到同样的问题。

为了要保持和谐，为了要从他人那里得到爱，我们往往会去迎合他人的需要。此外，当我们连自己都不知道自己需要些什么的时候，我们更没有办法去坚持自己的需要；或者，有时候就算我们知道自己想要什么，也常常不敢坚持自己的需求。所以常常是在我们回想的时候，我们觉得自己当时并没有为自己站出来说话，让别人侵犯了自己的界限，而且这份了解通常总是来得太晚。在这种情况下，告诉自己“我下次一定会坚持自己的看法”是没有什么意义的，因为下一次当类似的情况再度发生时，我们还是要到事情结束之后，才会注意到已经逾越了自己的界限，或是又再次让别人越过界限。有时候我们甚至要到更晚之后才会发现。

我们的内在一直受到两股拉力的撕扯，其中一边渴望敞开自己、信任他人，另外一边则希望自己能够感觉到力量、成为自己的主人。所以可以说我们一边有着被爱的渴望，另外一边则有着忠于自己的渴望。

当我们越是亲近某人，这种内在的冲突就会变得越激烈。对于自己这种长期性的无力感，我们往往会试着采取两种不同的方式。其中一种方式是孤立自己、充满怀疑与防御，并且与所有人都保持距离，不允许自己脆弱；另外一种方式则是上面例子中那名妇女所采用的方式，也就是顺应他人。

在孤立与隔绝当中，我们麻痹了自己那种因为无力所带来的痛苦；而在第二种顺应的方式里，我们对爱与注意力的向往，邀请他人来侵犯自己的界限，而没有尊重自己的需求与感觉。不论是这两种方式中的哪一种，它都没有办法帮助我们感觉到自己拥有主导生命的力量。

找回自己力量的步骤

我们有时候会邀请工作坊里的成员，花一点时间去想一想：有些什么事情能够帮助自己，在生活中感觉到更多的力量？下面是他们一些常见的回答。

当我回归中心时，我觉得有力量。

当我设下界限时，我觉得有力量。

当我为自己负起责任时，我觉得有力量。

当我不懦弱时，我觉得有力量。

当我知道自己需要说些什么或做些什么时，我觉得有力量。

当我了解我对自己的成长有多少意愿，还有我在这条路上已经走了多远的时候，我觉得有力量。

当我成功时，我觉得有力量。

当我联结到自己的身体，感觉到自己和大地的联结时，我觉得有力量。

根据这些陈述我们可以很清楚地看到：**当我们能够“待在自己的能量中”时，我们觉得自己是拥有力量的**。但是当我们觉得无助、困惑、被生命或他人所压倒时，我们就觉得自己是无力的。但是，如果我们的力量只是来自生命里某些暂时的片刻——例如觉得自己是强壮的、归于中心和自我肯定时，我们对待自己的方式其实并不算是友善的。因为，当我们的自尊心觉得受伤时（正如我们许多人曾经经历过的一样），由于我们过去所受到的惊吓是如此的巨大，常常会让我们根本没有办法去感觉自己，更不要说做出适当的响应。所以当我们对于自己的渴望、需求、感觉和思考都是如此的一无所知时，我们只会在事后才发现自己又再一次背叛了自己。

根据我们的经验，只有当我们能够深深地对自己说“是”的时候，我们才能够学习到什么叫作有力量。而这也意味着在每一个片刻里，我们需要带着一种慈悲的态度来感觉自己并且接受我们所看到、发现到的自己。只有从这样的一个空间里，我们的真实和力量才会自发性地展现出来。

找回力量的两种向度

在找回自己的力量这件事情上，我们发现有两种不同的方式，其中一个是阴性的向度，另一个则是阳性的向度。

1. 找回自己力量的阴性向度（内向）

所谓阴性向度是亲近地观察自己以及感觉自己，特别是当我们觉得受到威胁、感觉无助、害怕、无力、困惑、麻痹、惊吓、不安和萎缩的时候。在这种时候，我们需要的是不带期待与压力地观察自己和感觉自己，不期待自己能够做出什么有力的响应，甚至不期待自己能够有所响应。因为，有时候我们所受到的惊吓是如此的深，以至于我们在那个当下片刻唯一能做的就只是观察这整个情境。

这也意味着我们需要开始觉知，并且去感受这整个情境在我们内在所引发出来的恐惧，特别是当人们想要从我们这里得到某些东西，或是我们觉得自己被生命中的挑战所击倒时。通常当这些情境发生时，我们并没有真的待在事件发生的当下，我们常常都是心不在焉地顺从、退缩或是切断联结。要能够待在当下、感觉内在的发生其实需要极大的勇气，因为我们很难去想象那份恐惧到底有多深。

但是事实上，只有当我们能够找到勇气与意愿，让自己待在事件发生的当下，去感受自己的恐惧以及各种与恐惧相关的细微感官感觉时，我们才能够开始找回自己的力量。就我们这一章一开始的例子而言，如果这个女人允许自己去感觉做爱时的恐惧，感受她先生是如何引发出自己的害怕，那么她会开始发展出对自己的尊重。虽然，很可能一开始的时候，她不见得会发现那份情绪其实是一种恐惧，她可能感受到的是一种悲伤、痛苦、切断联结以及不想做爱的感觉。

慢慢地，透过时间与耐心，在这些吓人的情境里，我们开始能够注意到自己不再只是一个惊慌的孩子，我们其实是有力量，也有能力去感觉自己，而不再老是心不在焉地出神。然后通过不断地试错、学习，再加上丢掉我们“必须要做对事情”的那种压力，当我们愿意待在当下、待在自己的感受中时，我们会开始知道哪些事情对我们来说是适合的，哪些事情是不适合的。比如说，在上述的例子里，那名妇女会开始注意到当她以一种不适合自己的方式做爱时，她的内在会产生什么样的感受。

2．找回自己力量的阳性向度（向外）

找回自己力量的阳性向度就是开始为自己做一些小小的冒险，冒险去表达出自己的需求和欲望，即使我们可能会遭受到他人的反对与批判。此外，阳性的方式也意味着愿意为自己往前跨出一小步，不让恐惧影响了自己，而再度掉入拖延与退缩的深渊里。这也是我们一个心理学家朋友所说的“灵性上的扩展”。再次，我们所说的这一点跟做对事情、说对话都无关，而是让自己去冒一点风险，采取一些新的、比较接近我们内心的方式来响应外界的情况，换句话说，就是尝试去做一些我们过去不敢去做的事情。

一点小小的冒险往往有着极大的影响力，因为它会为我们带来一种深沉的内在变化。而这些改变让我们感觉自己是有力量的。然后慢慢地，我们的恐惧会逐渐消退，而我们对自己的感受则会慢慢地复苏。

在阳性的方式当中，另外一个重要的向度就是通过某些活动，把越来越多的生命能量与觉知带回到身体里来。这些活动可以是运动、武术、舞蹈、身体觉知活动、举重、到大自然里散步、演奏乐器、绘画等等任何一种能够为我们带来启发与喜悦的活动。不论是什么活动，只要它能够帮助我们越来越安稳、越来越联结到我们的身体，那么它也就能够在我们感受到人或事的威胁时，帮助我们更能够待在当下。

有时候在生活中，我们所处的情境让我们只能运用阴性的方式来应对，有些时候则是两者都可以运用。

有个朋友最近告诉我们她生活上两个有趣的情况，挑战着她去处理自己关于力量的课题。第一个情况是她从洛杉矶的住所回到她丹麦的家中，去拜访家人一个月。但是待在父母家中几天之后，她很快就觉得自己变得非常不自在。她父母亲所说所做的每件事情都会刺激到她，让她觉得自己变得越来越没有安全感。更糟的是她觉得自己没有办法去表达或做任何事情，让她能够感觉到愉快或是有力量的。她的父亲从她童年时期就常常通过语言和情绪上的方式来虐待她，而她的母亲一点也不支持她，所以在经过几天的停留之后，我们的朋友发现她自己严重退化到她孩童时期的状态，不过她仍然能够待在当下，感受自己的恐惧和羞愧感，她也知道自己很快就会离开那里，回到自己在洛杉矶的日常生活里，远离她的父母。

当我们这个朋友回到洛杉矶的家里后，她碰到另外一个挑战。她在洛杉矶一家温泉美疗馆里提供脚底反射区的按摩，在她离开之前，她训练了另外一个按摩治疗师来学习脚底反射区按摩，让这个男同事可以填补她休假期间的空缺，当时的协议是在她回来之后，她仍然会是唯一的脚底反射区按摩工作者。但是，当她回来之后，她发现温泉美疗馆的老板把客户转介到她的同事那里，而没有打电话给她，只因为那个男同事在温泉美疗馆的工作时间比较长，可以较快提供服务。她觉得被背叛的同时，也觉得他两个星期的短期训练不能和她多年的学习相比较。所以在她直接面对面地和老板谈过之后，老板支持她，又再度任命她为馆里唯一的脚底反射区按摩工作者。

在第一个情况中，当她面对丹麦的父母亲时，她只能使用阴性的方式来响应，因为当时她受到太大的惊吓，以至于她严重地退化而没有办法做任何其他响应；而在第二个情况中，她能够采取阳性的方式，真正地去面对情境，并且表达出她自己的需要和要求。在这两个例子中，她都找到她自己的力量。

关于找回自己的力量，其中我们最需要了解的一件事情是，如果我们没有办法接受自己的恐惧（也就是采取阴性的方式），那么我们也将难以采取阳性的冒险行动。

唯有当我们能够深刻地接受自己的恐惧与不安全感时，我们才能够进行某些冒险行动。我们内在那个“恐惧没有什么不对”的感觉，是我们能够找回自己力量的重要基础。

感谢我们的创伤和恐惧

我们可以说在生命课题中学习找回自己力量的第一步，就是要去尊重自己的恐惧。在我们带领的“治疗惊吓与创伤”工作坊当中，我们会做一个活动来帮助学员探索自己设下界限的能力。在这个活动中，进行活动的人会拿一根绳子在自己的身旁围一个圆圈，代表自己的界限，然后让一个伙伴来代表自己过去或现在生活中某个极为重要的人，然后让这个伙伴慢慢地靠近圆圈里的人，当移动的伙伴接近到某个程度时，圆圈里的人喊“停”，同时去感觉自己喊“停”的能量。而接近的人也会给予回馈，表达他们对于这个“不”的感受。有时候，有些人会说他们的“不”没有什么实质的能量，因为他们觉得自己像是没有权利说“不”一样；有时候有些人根本没有办法说“不”；也有些时候，人们发现那个绳子所围成的圆圈并不真的符合他们真实的界限，圆圈所代表的是他们心中所期待的界限，却不是他们目前真正的界限。

也有些人发现自己的界限就在自己身上，以至于他人可以随意地侵犯他们，而事实上他们也确实让自己经历过无数次的侵犯，以至于他们已经没有办法保护自己的身体不受到他人的侵犯。也有些人把界限设在身体之外远远的地方，极度害怕有人来接近他们。

通过这个活动，我们可以清楚地看到人们在面对侵犯时所采取的方式，如果不是老是说“是”，就是一直说“不”。因为当我们受到创伤时，我们从来没有学习过什么叫作待在当下，什么叫作根据自己当下真实的感觉来说“是”或是说“不”。我们也从来没有学习过如何按照自己的感觉去响应，按照这个当下的情境来回应。

这个活动也帮助人们认知到自己的惊慌有多么的强烈，特别是当某个代表过去曾经侵犯过自己的人开始接近时。这个学习再度尊重自己需求和界限的过程是一种缓慢的历程，有时候甚至会令人感到沮丧，因为我们过去曾经受到如此多的惊吓。所以，通过每一次小小的冒险，我们开始感觉到自己其实是有权利为自己站出来的，而且当我们为自己站出来的时候，我们并不会因为孤单或暴力而死亡。所以，在这方面，每一个小小的步伐都为我们带来力量，也帮助我们重新找回对自己的感觉。

我们能够做的治疗就是去尊重并且感受自己所受到的惊吓。因为那些惊吓是如此的深，所以当我们被惊吓和恐惧的感觉所接管时，即使我们极度地渴望，但是要为自己站出来仍然是一件很困难的事情。所以，谴责自己没有为自己站出来并没有办法带来多少帮助。依据每个人过去的经验，某些特定的人就是会让我们感到害怕，甚至到现在，当我们碰到某些人，让我们回想起那些恐怖的经验时，我们或许很可能会发现自己又再度感觉到渺小、无力、不安、危险、没有价值与无用。这些情况引发我们早期的创伤，所以当那些人出现时，我们马上就开始退化成孩子。

开始觉知到自己的感觉与思考

当我们所受到的创伤与制约影响了我们该如何思考与感觉时，我们很多人很早就放弃了自己的诚实与正直。我想关于那种“我当时应该怎么说……”的故事，我们许多人都可以写满5本书。当我们回想那些发生过的事件时，不论我们是多么的聪明、能言善道又强壮，但是当侵犯或无礼的状况发生时，我们却会变得麻木与顺从。更糟的是，由于我们没有办法坚持自己的诚实与正直，那让我们对自己的感觉糟透了，我们许多人甚至因此而制造了不少情境，让人们无法尊重我们。又或许我们发展出了一种讨好的人格，总是试着缓和事情、试着让世界安全一些。现在，我们很可能会批判自己的讨好和顺从，但是要抛弃这样一个角色，让自己再度变得诚实与直接其实是一个相当大的挑战。

最近，我们在澳大利亚的海湾租了海边的一栋小屋，因为那时候正是旺季，所以木屋的价钱非常的昂贵。当我们到达时，我（阿曼娜）马上就注意到木屋是脏的，但是我们两个人什么都没有说，我们不想刚抵达就冒犯那个刚清理完屋子的管理员。然后隔天，我们发现录像机有问题，没有办法放映，而我们两个又都非常喜欢看录像带，特别是当我们不需要工作，有多余的闲暇时间时，所以我们打电话给管理员，询问他们是否可以修理我们的录像机。但是几天过去了，却没有人来处理这件事情，我们两个人变得越来越生气，因为我们付了这么昂贵的价钱，得到的居然是一个肮脏且没有得到妥当照顾的屋子。我们两个人都可以看到自己的“好人”性格在说着“哦，没必要这么大惊小怪嘛！”“反正，我们停留的时间又不长！”等话语，以至于我们难以站出来直接面对这个情境。最后，我们终于设法清楚地表达了我们的要求：我们要人马上就来修理我们的录像机。最后，小屋的主人过来道歉，并且让我们免费多住了一天。

从这整个经验里，我们学习到一些宝贵的事情：第一件，我们两个人都有“好人”性格，两个人都害怕让别人不高兴，害怕去打扰别人；但同时，我们也都有着高标准，我们再也没有办法住在一个无法符合我们标准的地方；最后，我们学习到我们不仅可以去表达自己的不舒服，而且这份表达还有着极度的重要性。

大部分的时候，当我们觉得自己没有受到应有的尊重时，我们多半会对自己感到愤怒，生气于自己没有花时间去感觉、尊重自己的需求和要求。

我们许多人都曾经受到如此深的创伤，以至于我们需要再度去学习倾听自己。而要能够倾听自己，很重要的一件事情就是允许事情慢下来，慢到我们能够再度去感觉，因为创伤与侵犯往往会造成我们神经系统的速度加快，让我们因此而变得过度警觉或极度活跃。而这种情况在我们对某人害怕时，会变得更严重，我们会变得更难以感受自己的感觉。此外，我们过往学习到的是如何对别人说是、接受别人所说的就是对的——特别是我们所认为的权威人士。所以，我们总是学习如何去顺应事情的发展，我们甚至没有办法想象还有其他任何的可能性。也因此，**当我们开始想要为自己设下适当的界限、为自己站出来表达自己的感觉、想法与需求时，我们需要慢慢地、非常有耐心地进行**。也就是在我们觉得受到侵犯时，先让自己去感受那种被侵犯的感觉，开始非常精准地注意到当我们受到侵犯时，自己的内在发生了什么事情。

接受自己的愤怒

曾经有一对伴侣参与过我们的工作，他们在一起已经5年了。女方的父亲以前是个暴力分子，曾经殴打她，以至于她到现在仍然对男人感到极度惊恐与不信任。而她的男朋友有时候也会因为愤怒而变得失去控制，他也曾经动手打过她。过去，她一直很难对男朋友表达出她这方面的受伤与愤怒，因为她实在是太害怕他可能会有的反应。所以，她总是以一种间接的方式来表达自己压抑的怒火，那就是压抑她的爱，然后不停地批判他，并且在生活和工作中的各种琐事上和他作对。

后来她渐渐联结到自己对于男友暴力的愤怒，但是更重要的是，她也开始对她的父亲产生强烈的愤怒，也对那些会对女人暴力相向的男人感到愤怒。然而，在她能够联结到自己强烈的愤怒之前，她需要先感觉到足够的安全感。所以她对男友表达了她的需求，而她也获得男朋友的承诺，承诺不论他有多么的愤怒，他都不会对她有肢体上的侵犯。而当他诚恳地告诉她他会信守这个承诺时，她开始能够全然表达出她强烈的愤怒。对她而言，那是极为重大的一步，也是一种极大的释放。现在，他们两个人一起参与治疗，一起学习找到适当的方式，能够以一种安全而健康的方式表达对彼此的感受。

在我们的经验里，就感觉与表达愤怒这件事情而言，没有任何其他的方式，也没有任何的快捷方式可言。**承认与接受自己的愤怒**

是我们通往热情与力量的路径。当我们还是个孩子的时候，我们所学习到的是把侵犯视为理所当然，我们有时候甚至觉得自己需要为自己受到的侵犯负起责任，所以随之而来的往往是一种深沉的惊吓、恐惧与崩溃。但是当我们的惊吓慢慢地开始浮现时，强烈的愤怒也会开始出现。有时候，我们会要求人们运用想象力，把自己的童年经验当成一部电影来观赏，重演那些他们曾经经历过的侵犯以及粗暴对待的场景。这常常需要一些鼓励和相当多的勇气，才能够让我们不再从一个“具有了解且宽恕的成人”角度来观赏自己的童年故事，而开始能够从一个无助孩童的角度来感受那些事件。

除非我们能够从无助孩童的角度充分去感受我们所经历过的被背叛事件，否则我们没有办法真正地原谅。而且当我们试着去联结到自己内在强烈的愤怒时，那也不是为了要去惩罚那些曾经侵犯过我们界限的人，或是指责他们的错误，而是为了唤醒我们内在沉睡的力量与智慧。这样一份力量能够让我们知道对我们来说什么是对的，也让我们知道当我们受到威胁时，如何保护我们自己。

一个最近参加我们工作坊的男人，他正好在经历与结婚20年的妻子脱离的过程。因为，在他们婚姻里大多数的时候，他都扮演了一个拯救者的角色，而她则扮演着一个无助孩童的角色。慢慢地，他开始觉得这些角色限制了他，他开始有所改变，试着脱离这个拯救者的角色，而他的妻子则极力反对他这种改变，她觉得被背叛、被抛弃。在我们的工作坊开始之前，他在家里告诉她，他要出发了，当时她一句话都没说，但是当他来工作坊报到之后，他很惊讶地发现她居然也报名了我们的工作坊却完全没有告诉他。所以我们在工作坊开始之前和两个人会谈，他愿意让她一起参与这个工作坊，但是他唯一的条件就是在工作坊期间，她既不可以干涉他的活动，也不要试图和他有所互动。这项决定对他来说是相当大的一步，而结果是两个人都因为这个经验而有了极大的成长。她学习到给予自己空间去感受伤痛与孤单，从自己的内在找到她以往从来不知道的力量；而他则能够扩展他新发现的自由，不再担心自己会因此而受到谴责。他学习到说“不”是他的权利，同时也为他带来更多的内在力量。

这个“找回自己力量”的过程不是一个线性的过程，常常我们或许往前跨了一步，以一种新的、有力量的方式去响应了某人，然后我们又再度受到自己原始惊慌与罪恶感的袭击。特别是当我们新的方式引起他人负面的反弹时，我们会开始怀疑自己，觉得自己犯了不得了的错误。当我们必须对他人说不而对自己说是时，这往往会带出我们害怕被拒绝、被惩罚的恐惧，以及害怕自己成为坏人的罪恶感。所以我们或许往前跨了一步，但是又往后退回到我们的恐惧和罪恶感中。进展总是缓慢而渐进的。

婴儿学走路

在这个找回自己力量的过程中，我们需要冒险来面对自己的恐惧，不论那些恐惧是什么。但是在我们承诺愿意面对自己的恐惧时，我们也同时需要能够慈悲地对待自己。因为在这个过程中我们可能会碰到的恐惧有“呈现出自己的脆弱”“允许自己愤怒”或是“当自己的需要与身边某人的期待不符时，仍然能够表达出自己的需要”等，这种种情况都会打开我们最原始的恐惧。而且没有任何一种方式能够告诉我们这些恐惧会是什么样的一种状况。**但是如果**

在我们冒险的过程中，并没有什么恐惧的感觉，那么很有可能我们所做的冒险并不是什么真正的冒险。从小到大，我们之所以会有“这一生我总是背叛自己”“把自己的力量交给别人”“我不想当好人，但是还是当了个好人”“我必须妥协自己，才能够得到他人的注意力”等行为，其实背后都有着相当的原因，而那就是纯粹的恐惧。恐惧让我们不知道自己除了上述的行为之外，我们还能够有什么其他的方式。所以当我们开始改变这些旧有的模式时，我们或许会开始感受到自己从来不知道的恐惧，也因为这个原因，我们把它称为“婴儿学走路”。——去冒险，但只是进行小小的冒险，并且允许自己失败。

生命会不断地给予我们机会，找回自己失去的诚实与正直。而在这个过程里，我们所能够做的最重要的一件事情，就是当我们发现自己没有敬重自己时，我们愿意去观察并且去感觉其中的感受，至于其他的事情则会自然地从这里开始有所发展。一旦我们能够给予自己这样的一份承诺，这份承诺会让事情开始发生，就像是成长有它自己的动力一样。我们将能够开始越来越觉知到自己以往妥协的方式，以及自己现在仍然在妥协的方式；我们也会开始了解并且带着慈悲来看待自己过去毫无选择、只能妥协自己的状态；我们也开始能够原谅自己现在因为害怕、惊吓而难以设下界限的情况；然后当我们遭受侵犯或让自己任人宰割时，我们也开始能够更为敏感地感受到自己身体的感觉。当我们越是能够感受到妥协以及遗弃自己所带来的伤痛时，我们也就越能够从自己的内在找到力量，为自己站出来。

这里有一些简单的“觉知”问题，可以帮助我们找回自己的诚实、正直与自我尊重。

1. *在我现在的生活中，有谁特别容易引发出我的某些行为，让*

我难以保持诚实与自我尊重？

2．当我和某个让我觉得不安全的人在一起时，我的感觉如何？

3．当我处在一个我觉得不安全、危险的情境中时，我会有什么样的行为？

4．当我没有尊重自己，或是感觉到自己没有受到尊重时，我的内在有什么样的感觉？

5．为什么面对某些人我会难以设下自己的界限？我害怕的是什么？

6．我想象自己能够对这些人说些什么样的话，让自己觉得有力量？

7．我现在的生活里，哪些情境对我来说是缺乏滋养的？

8．我为什么仍然会和这些无法滋养我的人在一起，或继续待在这些无法滋养我的情境里？

这个找回诚实与自我尊重的过程需要相当的时间，而且我们是没有办法把它做“对”的。事实上，这种想要把事情做“对”的想法只会为我们自己带来压力，并且再度强化我们对于失败的羞愧感。

当我们与外在世界以及他人互动时，我们的身体是一个完美的测量器，让我们知道自己内在所发生的状况。而恐惧与创伤往往会让我们停止去倾听自己身体的信号，所以当我们想要再度找回这项宝贵的能力时，那需要相当的时间。当我们给予自己时间去倾听、去关心身体时，我们会发现不论我们是安全的还是危险的，也不论某个情境或某个人是否适合我们，我们的身体都会给我们信号。

因此，当我们把倾听自己的身体当成最重要的事情，而不再在意自己的所作所为是否正确、是否为自己设下了应有的界限、是否

适当地维护了自己的权益时，我们加诸自己身上的压力会减少许多。而且每一次的经验都会是一个学习倾听自己的好机会。

当我们开始去感受自己内在那些细微的信号时，我们也开始学习信任自己的思考以及自己对于外在环境的知觉与判断，而不再充满强迫性的期待，期待别人来告诉我们“该怎么做”，告诉我们“自己有着什么样的感觉和思想”。我们也变得不再那么容易感到困惑、不再那么容易受骗与受到影响。另外一件极为重要且需要了解的事情是：我们设下界限的能力与他人都无关，他人不需要为此做任何的改变。而是我们会慢慢地来到一个阶段，那是不论别人做些什么或说些什么，我们都只能做自己觉得对的事情，我们再也没有办法持续地背叛自己，我们有着足够的力量与成熟度去面对自己行为的结果。

第九章 让生命自己发生
——包容挫折与失望的生命课题

爱人们的苦恼
随着热情之火燃烧
心碎的哭泣
是通往神的大门

鲁米（Rumi）

在我们最近的一个工作坊里，一个女人跟我们分享她在关系上所碰到的困难。她发现她的男朋友无法如她所期待的那么待在当下，虽然她非常爱他，但她也同时觉得非常挫折，因为他大部分的行为都显示出他并没有真正去感觉自己，也没有真正地参与生命。除此之外，她觉得他烟抽得太多，酒喝得太多，看电视的时间太多，也吃得太多。我们试着帮助她去感受自己对男友的愤怒，还有更深一层她对自己父母的愤怒。因为不论是过去还是现在，她的父母从来都没有办法真正地陪伴她。但是就她和男朋友之间的关系而言，这种情况比较敏感与细微，因为如果她表达出对他的挫折感，那只会让他变得更疏离，而且不断地生气和唠叨对她来说也不是什么很好的一种做法。除了释放愤怒以外，她需要学习一些更深层的事情。

我们说："如果你就只是接受他原本的样子，那会怎么样？"

她说："如果我这样做的话，我就永远也不会得到我需要的爱，他只会消失在他所有的活动里。”

我们说：“想想看，如果就是接受自己没有办法改变他的这个事实，所有所做的努力只会让事情变得更糟，那感觉起来怎么样？”

“感觉糟透了，我没有办法接受这种情况，我不想和一个心不在焉的男人在一起。”

“到目前为止，你曾经成功地改变过他吗？”

“没有。”

“你对他的爱深到即使他永远不改变，都想要和他在一起吗？”

关于这个问题，她想了好一会儿，最后，她说：“是的，我想我愿意。”

这种情况对我们大多数的人来说大概都不陌生。不论是亲密伴侣还是朋友，我们常常会在亲近的人身上感受到某些让我们觉得不可思议的挫折感，然后我们非常强迫性地试图去改变对方。即使我们知道自己的情绪爆发、批评和意见只会让事情变得更糟，但是我们仍然无法控制自己。

事实上，这些情境中蕴涵着深刻的生命课题，因为它们引发了我们被背叛的感觉。而这种被背叛的感觉有一部分是来自我们的童年，但是在一个更深的层面上，它引领我们去直面一种存在性的、同时令人难以承受的感觉——“单独”（aloneness）。所以我们把这个情况称为“被剥夺的静心”。**被剥夺（deprivation）**是一种长期累积所造成的感觉，觉得自己好像少了些什么。而出于这种“好像少了些什么”的感觉，我们会开始产生一种强迫性的需要，想要去解决这种不满足、不舒服的感觉。然后，看起来唯一可行的方式就是去改变外在的情境、改变他人，以便让我们自己再度感到舒适。

当这种被剥夺的感觉和无法得到滋养的经验同时出现时，它为我们带来的感受最明显而强烈。

当我们感觉被爱，然后出于某些原因爱又被夺走时，那或许是一种毁灭性的感觉。当我们曾经允许自己向某人敞开，允许自己变得脆弱，然后这个人离开了，我们往往会感受到一种强烈的被背叛感。因为这种人与人之间的联结感以及这种温暖与爱的感觉就像天堂一样，所以当对方收回他对我们的爱时，天堂的感觉变成了地狱，而那种感觉就是被剥夺的感觉。

当我们感觉到被剥夺的时候，我们通常不会觉得这些受伤的感觉、愤怒以及易怒的反应和童年时的事件有任何关系；我们也不会觉知到自己正在面对一个存在性的不舒服感。相反的，我们会对那个引发出我们挫折感的人产生不信任的感觉。虽然我们不见得会把自己的感觉呈现出来，有时候我们甚至不见得会觉知到自己的状态，但是我们很可能会因此开始保持距离、疏远对方，然后再也不向任何人敞开自己。在任何一种亲近的关系里，在许许多多的大事小事上，我们常常会经验到被剥夺以及被遗弃的感觉。这是亲密关系中的一部分，但也是让人最难以接受的部分。事实上，没有人能够填补我们童年时期因为情绪剥夺所产生的黑洞；也没有人能够保护我们免于"我们每个人在本质上都是单独的"的这项事实，我们必须单独地面对自己，也必须单独地面对死亡。

但是我们也需要了解，唯有通过穿越这些被剥夺的经验，以及学习承受自己欲望没有得到满足时的失望与挫折，我们才能够开始建立起自己内在的力量。这也是让我们能够发展出真实信任，成为一个完整个体的方式。如果没有经历这样一个过程，我们永远也无法成长，我们只会停留在孩童的阶段，不断地期待他人和世界来满足我们的欲望。但是当我们开始了解，被剥夺的感觉其实是心灵与情绪上的一种重要经验时，我们就能够学习向生命带来的事物保持敞开，并且学习去欢迎任何一种感觉的出现。这种学习事实上为我们带来自由，因为与其从人们身边退缩回来，让心开始变得冷硬，我们不如在自己的内在找到一个空间，和自己那个欲望没有得到满足的情绪待在一起，即使有时候那份挫折感几乎像是会让人起火燃烧一样。

什么是被剥夺

通常，很少有人会怀疑什么叫作被遗弃的经验。遗弃就是某个我们所爱的人离开或死亡、我们的亲密伴侣爱上别人，或是我们的伴侣在身体上和情绪上从来不曾真正地和我们在一起；但“被剥夺”是一种更细微的状态。当我们和某人住在一起时，一些细微的小事，例如对方没有满足我们的期待，都可能引发出我们被剥夺的伤痛。或是当我们亲密的朋友说出某些话语、做出某些事情让我们觉得疏远的时候，我们也会感受到被剥夺的感觉。

也有些时候，当我们的爱人或亲密的朋友向我们显露出某个我们不喜欢的部分，像是孩子气、不负责任、自我中心、任性、不替他人着想等个性时，我们也会觉得被剥夺了些什么。或是当我们发现别人对我们不诚实、迷失在上瘾行为中、不愿意面对生命时，我们被剥夺的创伤也会受到牵动。甚至有时候只是对方身上有一种我们不喜欢的气味、有一个我们不喜欢的朋友、对方喜欢某一部我们不喜欢的电影，我们这个被剥夺的感觉都会因此而受到牵动。

被剥夺与被遗弃牵动的其实是同一个伤口，但大部分的时候它们感觉起来非常的不同。例如，当某人离开我们或过世时，我们很可能直接掉进被遗弃的伤口中。至于被剥夺的感觉则比较像是一种持续而少量的遗弃感，在这种情况下，对方仍然还在那里，但是我们觉得自己受到欺骗，觉得生气、挫折与失望。有时候，我们非但不去感受自己被剥夺的痛苦经验，反而会把能量分散掉，我们会去谴责他人让我们感到受伤。有些时候，即使是一件细微的小事都可能让我们产生无比的挫折与失望，让我们以为自己会被挫折燃烧殆尽。也因此我们很容易就退化回到孩童的状态，觉得自己不应该受到这样的对待，觉得别人对待我们的方式不公平、不合理，他们应该有所改变。

当我们觉得失望时，我们通常会有所反弹，各种各样谴责他人、愤怒、报复、放弃或退缩的行为都有可能会发生。而且习惯性地，我们会试图通过自己的能量与行动来消除这些挫折感，例如切断与对方的联系、发一顿脾气、结束一段关系、找寻其他的替代品、暴饮暴食或过度工作，我们会去做任何能够让我们感觉好转的事情。

在我们失望的反弹行为底下埋藏着深沉的恐惧。

而这种恐惧和我们害怕失去爱、害怕永远得不到自己想要的东西、害怕自己会永远孤单、永远得不到爱的恐惧是一样的，它也和我们觉得自己被遗弃、永远不会得到拥抱、永远不会得到支持时的恐惧是一样的。只是在被剥夺的经验里，这些感觉的程度比较轻微，而出现的频率比较多。当我们感到被剥夺的时候，我们会在不知不觉中释放出早期的经验，而这些经验往往有着让人难以忍受的痛苦与惊惧。所以，除非我们了解这些引发出我们深沉恐惧的情境其实有着极度的重要性，否则我们将难以忍受这些自己感受到的恐惧与痛苦，也会难以待在当下去感受这些情境所带来的恐慌。我们需要看到这些经验的宝贵之处，以便能够承受它们与经历它们。

今日的亲密开启了我们过往被埋藏的遗弃感

当我们今日的生活呼应到我们童年时期深埋的创伤，也就是童年时没有得到爱的经验与失望时，被剥夺的感觉就会出现。从某种程度说来，我们每个人在生命早期的时候都曾经感受到被遗弃的感觉，或许是父母在我们幼年时离开家所引起，或许是父母在身体、情绪层面上无法陪伴我们，或者是我们觉得被忽视、觉得父母并不想要我们，或是觉得自己被迫承受了许多的期待与要求。会造成一个人感受到被遗弃的事件有许多种。这种被遗弃的创伤常常是来自童年时期没有得到适当的保护、照顾、了解、拥抱、注意、支持与引导。然而，没有人拥有一个完美的童年，就算我们得到了一个完美的照顾，我们仍然会感受到内在的空虚，而这份空虚也是我们必须自行面对的。此外，当我们必须离开母亲的子宫，还有稍后我们又必须和母亲脱离的这种情况也会造成我们被剥夺与被遗弃的经验。

当我们逐渐长大之后，我们通常会把这些被遗弃的伤痛与恐惧埋藏起来，直到我们允许自己去亲近另外一个人的时候，这些感觉才又会浮现出来；也是在这个时候，我们才真正开始进入“被遗弃与被剥夺的静心”。当我们面对被剥夺所带来的挫折、恐慌或被遗弃的痛苦时，我们很容易会迷失在苦涩、愤怒与绝望当中，再不然就是内在抑制着能量与怒火，掉进深沉放弃的空间，或是掉进严重的忧郁里。在情绪上，我们如果不是刻意降低自己情绪的强度、压抑自己的情绪，就是会感受到强烈的愤怒与怨恨。然而，让我们自己深刻地保持着觉知、感受，去注意是哪些经验造成我们童年时期被剥夺、被遗弃的感觉是非常重要的一件事情。同时，我们也需要了解这种经验不只是心理上的事件，它也会带领着我们来到自己的灵魂深处，帮助我们向整个存在敞开。当然，如果我们童年时的情绪上的被剥夺感越多，这个面对与处理被剥夺、被遗弃的过程也会变得越困难，但是根据我们的经验，每个人都曾经经验过这样的伤痛与惊惧。而且，这些被剥夺、被遗弃的经验没有什么不对，它们其实是一个必要的入口，让我们能够直接与存在有所联结，领悟到自己其实正受到存在的拥抱与照顾，同时去感受到伴随着这份领悟而出现的信任。

灵魂能够了解被剥夺经验所具有的价值

当我们经验到被剥夺、被遗弃所带来的恐慌时，我们内在退化的孩童会绝望且充满强迫性地寻找方式逃离，但是我们内在有另外一个部分却深受吸引。因为这个部分的我们知道，在重新找回自己的这条路上，学习去感受并且承受这份恐惧是一个极为重要的阶段，或许这也是让我们能够脱离孩童的意识而日渐成熟的最主要原因。

很多的关系之所以会触礁，往往是因为我们并没有意识到，当我们与另外一个人进入任何一种亲密关系中时，我们都需要去面对那些不断出现的被剥夺感。

安娜和托马斯在几年前开始和我们进行治疗工作，当时安娜刚和前夫分手不久。安娜和前夫有一段长久的夫妻关系，并且生育了两个孩子，而托马斯则是一个无忧无虑的家伙，从来没有经历过任何一段长久的亲密关系。安娜深信她在托马斯身上找到了她今生一直寻找的爱，所以即使他只是暂时离开一天都会让她恐慌不已。然后平常只要有任何一点小小的迹象显示出托马斯没有全心全意和她在一起，她就会出现混杂着愤怒与歇斯底里恐惧的反弹行为。当然，安娜这样的行为只会刺激托马斯离开的次数变得越来越频繁。安娜觉得自己没有受到尊重，因为托马斯没有试着多花一点时间陪伴她。而且她认为既然他说他爱她，爱的意思就是要和对方在一起，就算不是一直在一起，那么至少大部分的时间要在一起。

虽然安娜有着极大的恐惧和反弹，但是她也有着强烈的意愿，想要去了解、去感觉到底在这些恐惧和反弹的背后隐藏了些什么。通过我们的引导，她开始进入那个一旦托马斯不在就会出现的恐慌与挫折感，并且找到了亲密关系以外的方式来滋养她自己。

只要我们仍然希望由他人来满足我们的期待，我们就永远无法脱离孩童的状态进而变得成熟，因为孩童永远都在寻求他从来没有得到过的爱。

当我们开始变得成熟时，我们也能够开始接受他人原本的面貌，接受他人与我们有所不同的这个事实，甚至，我们开始领悟到就是这份差异性丰富了人们的独特性。当我们还处在孤立的状态中时，我们会避免去面对自己被剥夺与被遗弃的挫折与恐惧，然而只要我们开始亲近某人，所有我们储存在内在的对于亲密、爱、接触、注意力、陪伴与了解的种种渴望都会一一浮现。这些渴望的强烈程度往往是我们从来没有意识到的，而且随着这些渴望的出现，我们的恐惧也会跟着出现。我们会害怕当我们终于愿意敞开自己时，却没有人在那里陪伴我们、倾听我们、尊重我们。当然，很自然地，当我们越是敞开自己时，我们的期待也就越大，而失望、痛苦、挫折以及害怕期待落空的恐慌也会变得越大。但是如果我们能够了解这种被剥夺感只是亲密关系中的一部分，那么在我们分享爱以及维持亲密关系的过程里，我们也就掌握到了最重要的一个工具。

更进一步地，当我们学习去接纳这种被剥夺的感觉时，我们会开始获得一种深沉的力量感。

我（克里希）以前曾经强烈地需要某一个朋友的赞赏与尊重，而这个需求强烈到几乎要把我给逼疯，以至于我根本没有办法以一种自然的方式和这个朋友互动，因为我总是希望从他那里得到一些他从来没有给过我的东西。我的欲望越强烈，我的挫折也就越深。但是一段时间之后，我终于能够了解，从他那里我永远都不可能得到我想要的赞赏（这跟我小时候期望从哥哥那里得到的赞赏一样）。在我终于停止这份期待之后，我内在某些部分开始变得成熟，而且非常有趣，我们的关系变得更为真实。

有意识的抉择：回到内在去感觉

我们每个人内在都有两个部分，一个是想要逃离不舒服和痛苦的退化孩童，一个是想要了解这些经验可贵之处的灵魂。所以重要的是我们需要有意识地做出抉择，让自己回到内在去感受，而非习惯性的反弹或试图用某些方式避开自己的感觉。

我们的工作坊中有一个女人对她的男朋友充满了不满，她觉得他没有真正地在那里陪伴她。她抱怨他总是“像个计算机一样地停留在头脑当中”，他总是忙着做其他的事，他不关心她的感觉，他甚至不关心自己的感觉。也因此，她一直在“离开他”和“留下来”这两个决定中徘徊不定。事实上，她也真的离开过他好几次，但是每一次到最后她还是又回到他身边，继续怀抱着对他的期待，期待有一天他会改变，他对她会变得更为敞开。后来他们两个人决定来参加工作坊，希望这个工作坊能够帮助他们解决问题。

和大多数的例子一样，她今天所经验到的被剥夺感其实只是反映出她童年时期的经验。这个女人的父亲是一个情感疏离而且没有办法陪伴她的人，这造成了她内在一种深度的饥渴。在情绪上，她极度渴望男性的注意力与陪伴，但是同时她的内在也携带了一种“我不值得有男人来陪伴我”的感觉。这种把自己的痛苦投射出去、把责任归咎于他人的方式只是一种分散焦点的做法，不过这也是我们大多数人经常做的事情。所以这个女人面临了一个困难的挑战，那就是让自己去感受男朋友不在时的痛苦与恐惧，借此找回自己内在的感觉，并且找到自己内在的空间去容纳这些恐惧，而不试着从外在寻找救援。当然，这不是一件容易的事。

当我们丢掉想要他人有所改变的期待时，那会迫使我们去面对自己被剥夺的恐惧。一开始的时候，我们常常会抗拒这种生命课题，因为我们内在有一股强烈的信念，认为如果我们放手或接受自己被剥夺的感觉，我们就再也无法得到想要的东西。也因为我们从过去的经验里学习到，抗争是我们唯一能够让自己如愿以偿的方式。然而，爱却是完全不同的一回事。在爱的领域里，控制与努力只会让我们感到更加无力。

当我们碰到失去、被拒绝或是没有得到自己想要的东西时，非常重要的一点是，我们对自己要有足够的耐心与慈悲。就像是我们常常对人们所说的：“你没有任何方法能够把事情做对”。所以当我们碰到上述的状况时，我们很可能会对他人有所反弹；或是急忙进入某种上瘾性的行为中以减轻自己的痛苦；或是掉入某种强迫性的行为，例如不断打电话给别人，努力说服他人我们已经改变了，请他们再度接受我们；或是不断要人们解释清楚他选择离开的原因。最后，我们往往会发现自己的脑海里不断重复着同样的一个念头，而且看起来好像完全没有办法停止这些念头。有时候我们的不安与易怒是如此的强烈，以至于我们觉得自己像是在转轮中不断奔跑的老鼠。有时候我们又是如此的抑郁或绝望，以至于我们需要用尽所有的力气才能够从床上起来。我们的头脑不断地奔跑着，感觉上似乎没有任何东西能够帮助我们消除这种恐慌。

这种被遗弃与被剥夺的感觉之所以会让人感到如此痛苦，那是因为它们与我们的羞愧感有着密不可分的关系。

当我们被孤单地留在那里，或者某人让我们感到极度的失望时，我们不只需要去面对这个孤单的感觉，也需要去感受自己那种不值得被爱的羞愧感。

大部分的时候，我们自己内在常常会有个声音说：我们不值得有人陪伴、有人爱，不值得为人所接受或为人所照顾。一个在童年时期没有被成人接受的孩子，长大之后也往往会觉得自己不值得被接受。因此，当我们被伤痛攫住时，我们很难去分辨什么状况才是最糟的——是我们永远都会孤单一人的孤独与恐惧，还是自己不值得被爱的羞愧感？被遗弃和被剥夺的感觉就像是一杯混杂了遗弃与羞愧的鸡尾酒。

面对自己被剥夺与被遗弃的经验

根据我们的经验，要从被剥夺与被遗弃的经验中复原的最大障碍不是悲伤与痛苦，而是恐惧以及我们对痛苦的抗拒。我们每个人的内在其实都有一个永不枯竭的力量源泉，让我们能够面对自己所遭遇到的失去和挫折，但是如果我们不了解发生了什么样的事情，也不了解事情发生的原因，我们就会很难去面对与处理。而且这种缺乏了解与觉知的状态不只为我们带来恐惧，更会让我们因此而错失了痛苦所具有的价值。我们过去从来没有学习到：通过接受“痛苦是生命中不可或缺的一部分”能够让我们变得成熟。我们因为痛苦而得到成长。但是，我们通常并不会允许这些伤痛的感觉，反而会选择抗拒。然而抗拒只会让痛苦变得更难以承受以及徘徊得更久，它会比我们接受它、感受它、允许它通过的时间还要久得多。

一旦我们停止抗拒，而开始把这些发生的事情当成一趟不可避免的旅程，一趟通往内在灵魂的旅程时，我们会开始变得安定。

爱总是带来失落，这是爱的经验中不可或缺的一部分。如果我们敞开心扉，我们的心会经历许多次的伤害；而且当我们越是亲近某人的时候，我们被遗弃的经验就会变得越是强烈而频繁。

这些被遗弃与匮乏的经验开启了我们埋藏在无意识中的部分，除非我们允许自己敞开这些部分、感受这些部分，否则它们没有办法得到疗愈。我们在孩童时期被遗弃的惊惧和痛苦经验一直蛰伏在我们的内在，而现在生活中任何一种类似的经验都会引发出这些情绪。唯有当我们能够不带抗拒地接纳这些恐惧的感觉时，它们才会离去；也只有如此，所有那些困惑、惊吓、愤怒、怨恨以及哀伤才能够一一归位。当我们能够拥抱被剥夺与被遗弃的感觉时，我们也就开启了内在深沉的平静。我们大部分的人之所以在生命里不断地抗争，就只是因为我们还不愿意去感受自己的无助与孤单。

放下“希望事情有所改变”的期待

我们曾经跟一位妇女进行过好几年的工作，她和男人之间的故事可以说是一连串的心碎。她总是被那些不愿意做出承诺、不愿意全心全意和她在一起的男人所吸引，然后这些男人最后都会爱上其他的女人。这名妇女是一个非常聪明、有生命力以及能够鼓舞人心的人，但是每当她和男人在一起的时候，她就会失去自我，而变得顺从、抱怨与萎缩。当她处在亲密关系中的时候，她会抱怨男人陪伴她的时间不够多，而当她没有亲密关系的时候，她会抱怨自己没有办法找到一个她想要的男人。她在自己身上工作了许多年，所以她开始了解关于被遗弃与羞愧的感觉。她发现由于羞愧感的影响，她总是被那些不可能的男人所吸引，然后她自己对于关系的饥渴与绝望又把这些男人推离她的身边。而随着她年龄的增长，她的绝望也跟着变得越来越深，她害怕自己永远都找不到想要的男人。除此之外，她也对“这么多的内在工作仍然没有为我带来多少改变”这一点感到绝望。

其实这是很自然的一件事。我们每个人都会来到这样一个阶段，开始怀疑自己到底还要再花多少时间去感受自己被遗弃、被剥夺以及羞愧的感觉，我们也会怀疑事情到底是否会有所改变。而这也是我们的工作中最常碰到的一个问题，特别是之于那些曾经广泛探索过自己伤口的人。因为有时候那看起来真是一件残忍又不公平的事情，我们是这么诚恳又有意愿去进行自己内在的成长工作，但是我们的生活和亲密关系却仍然会有问题。

我们常常会问人们下面这两个问题：

1. 你是否仍然期待有人会拯救你，好让你不再需要感受到自己的恐惧、痛苦和孤单？

2. 你是否觉得自己值得被爱，值得有人相伴？

对于这两个问题，人们的回答常常分别是“是”和“不”。某种程度上来说，当我们在遗弃和羞愧这两个主题上工作时，我们需要看到自己有多少思想和行为仍然受到自己那退化孩童的掌控，仍然期待被拯救，然后同时又觉得自己不值得被爱。无论如何，我们退化孩童的欲望是不会获得满足的，因为我们的高层自我（higher self）想要的是成长，而不是一直受到退化孩童的控制。

当我们接受自己已得到的事物时，我们就会得到我们想要的。

这是一种极为奇怪的矛盾现象。当我们能够放松，并且深深地接受生命所带给我们的经验，并且为此感到心满意足时，即使是内在最深的欲望都会得到满足。当我们深深地接受这份羞愧与孤单的感觉不会消失，当我们能够安住其中、不再对抗的时候，事情就会开始有所蜕变，然后我们的人际互动模式也会开始转变。

第十章　有待学习的两个课题
——何时设下界限与何时接受挫折

在第八章中，我们探索过什么样的事情能够帮助我们找回自己的力量，以及当我们受到侵犯时能够如何回应。而在前一章里，我们探索了被剥夺与被遗弃的课题，这两种状况碰触到我们最深也最原始的恐惧：被侵犯与被虐待的恐惧以及不被爱与被拒绝的恐惧。不论我们觉得自己是被侵犯、被无礼地对待，还是在爱与注意力上受到剥夺，它们都会带出同样被背叛的感觉，以及同样的愤怒、挫折、放弃，甚至无望的感觉。然而就我们的内在成长而言，这两种课题其实有着很大的差异，它们为我们带来的是不同的灵性课题，也需要我们以不同的方式来响应。

当我们受到侵犯或无礼的对待时，只是去感受自己的挫折、接受这种感觉并不是一个适当的方式。因为这种情境其实正是给予我们机会，去设下自己的界限。在我们先前提到的一个例子当中，一名妇女常常在做爱时受到先生的侵犯与无礼的对待。事实上，那正是她需要为自己站出来，拒绝这种无礼对待的时候。在这种情况下，不论是让事情继续泛滥，认为自己需要原谅对方，还是假装自己没有受到影响，都不是适当的做法。她所碰到的挑战是去面对自己害怕说“不”的恐惧，学习更清楚了解自己的需要和欲望，并且和先生进行沟通。不过，在另外一个例子中，对于那名老是抱怨男友埋首于计算机的女人来说，抱怨男朋友或勉强他改变则不是一种有创意的做法。她的挑战是去学习接受男友原来的面貌、接纳自己的挫折感，并且在男友无法陪伴她的时候，面对自己被牵动的遗弃创伤。

有时两种课题之间的区别并不明显

生命邀请我们去区别这两种不同的情境，以便我们能够学习以不同的方式去响应不同的情境，为自己带来更多的尊严、自我尊重和对自己的爱。但有时候我们常常搞不清楚生命邀请我们去学习的课题到底是哪一种，还是其中其实包含了两种不同的课题。比如说，玛丽对她的男朋友充满了愤怒，因为当她问他问题的时候，他常常都没有任何响应，一直要到她开始大吼或是生气离开时，她才能够得到他的注意力。在这种情况下，她需要学习的课题是什么呢？玛丽的男友是通过这种忽略在虐待她吗？是她需要对他的漠视设出一个界限呢？还是她需要在他无法响应时承受自己的挫折感？其实在这个情境里，存在正邀请玛丽去尊重自己，并且清楚地向男友表达：他的回答与否对她来说非常的重要。因为在她承认自己的感受与需求里，这是极为重要的一步。然后，她也需要去学习承受她没有得到响应时的挫折感，因为即使她表达了自己的需要，那并不意味男友就一定会改变。

汉斯和玛蒂娜是一对夫妻。当汉斯花时间进行属于“他自己”的事情时，玛蒂娜会觉得深受打扰。例如当汉斯坐在计算机前面工作或外出和朋友聚会时，玛蒂娜总会不断追问他还要继续工作多久、他要出门多久等问题。对于玛蒂娜这种坚持到底的行为，汉斯也觉得非常的困扰，因为他也有他自己的恐惧，他害怕自己会因为花时间独处或外出和朋友聚会而受到惩罚。汉斯的这种恐惧让他每一次离开时都充满了罪恶感，回家时也充满了矛盾的心情，让他有很难真的待在当下。但是这种矛盾的心情和难以待在当下的情况对玛蒂娜的刺激更大，因为她觉得自己被侵犯和虐待。在这个情况中，玛蒂娜需要学习去承受自己因为汉斯不在家而产生的挫折感，还有他每次离开时她所体验到的遗弃感；此外，当汉斯带着罪恶感回家或是根本心不在焉时，玛蒂娜也需要学习去表达出自己的感受。至于汉斯这一边，他需要去面对自己害怕脱离的恐惧，并且给予自己充分的权利去拥有属于自己的个人时间，并且对玛蒂娜的控制性行为设下他的界限。当然，这对汉斯而言也是一种相当大的考验，因为他需要去感觉并且承受每当他想起玛蒂娜可能会如何报复、惩罚他时的那种恐慌。

当我们在教导这两种不同的课题时，人们常常会提出一个问题，也就是当他们的爱人和别人发生关系时，这是属于被侵犯还是被剥夺的课题？关于这一点，我们会在另外一个如何建立爱人间的信任的章节里做详细的说明。但是基本上，我们每一个人都是自由的，每个人都可以自由地按照自己想要的方式去过自己的生活。所以如果我们的爱人选择和他人做爱，那并不是一种侵犯，它开启的是我们被遗弃的创伤，因此我们需要的是和自己的伤痛待在一起。不论怎样，很有可能在我们充分经历过自己的伤痛之后，我们会发觉自己不想再和一个脚踏两条船的人保持关系，然后出于对自己的尊重与爱，我们会选择离开，而继续过自己的生活。有时候，当生命来到某个阶段，我们会发现让自己持续性地待在被遗弃的痛苦里，其实是对自己的一种伤害。

内在的智慧

在这两种不同的生命课题中，不论是设下界限还是承受自己的挫折感，如果我们仔细倾听的话，我们会发现自己的生命能量其实会自然地流向某一个方向。在前者，能量是朝着坚守自己的尊严、自我尊重、不妥协的方向流动；而在后者，当我们开始能够承受痛苦，接受自己的“单独”的本质状态并且如实地接受他人、接受当下的情境时，能量会自然地朝着成熟的方向流动。

我们的直觉会自然地带领我们朝向诚实与正直迈进，即使那意味着我们需要对他人说“不”。而我们的直觉也会自然地带领我们找到一个空间，让我们在觉得挫折时，仍然能够接受他人的本来面貌。

虽然出于我们的恐惧，我们不见得会聆听自己直觉的声音，但是无论如何它一直都在那里，而我们也知道它的存在。即使我们不愿意接受“自己是单独的”这项事实，即使当我们的欲望没有得到满足时我们会去谴责他人，但是在我们的内在深处，我们的直觉知道我们都是单独的。所以当我们能够跟随自己内在自然的“智慧”，而不是跟随自己内在那个受过创伤、惊惧又恐慌的退化孩童而有所反弹时，我们会感受自己的正直与尊严。而且我们在这个方向上所跨出的每一小步，都会为我们带来无比的能量，帮助我们不断前进。

阻止我们去倾听自己高层“智慧”的是我们退化孩童的恐惧。当我们无法为自己设下界限或坚持自己的需要时，我们其实正被那个害怕处罚、觉得自己没有权利说“不”的孩童所接管。当我们没有得到自己所要的东西，因此而开始感到恐慌、无力承受自己的挫折感时，我们其实是被自己害怕被遗弃的恐惧所淹没。虽然这些恐惧是如此的强烈，但是其实我们内在的“智慧”拥有的力量更为巨大。

我们需要认知到一点，那就是当我们能够跟随自己的直觉时，

这种直觉将能够为我们自己和他人的高层心灵带来极大的帮助。在我们的人际互动关系中，我们会不断地创造出机会让自己来学习这两个生命课题。而事实上，它们也是我们直觉上想要去学习的生命课题。某种程度说来，我们的直觉知道与其去控制他人，倒不如去学习如何承受自己的挫折与恐慌，我们知道后者会是比较有爱心的一种做法；我们的直觉也知道，不论是对我们自己还是对他人来说，清楚地设下界限也是一种对彼此都比较好的方式——因为当我们能够诚实地忠于自己时，别人就能够清楚地知道我们的状况，也因此更能够信任我们。

当“不受尊重”及“被剥夺”的感觉引发出我们的伤口时，我们很自然地会被自己情绪化的退化孩童所接管，然后开始按照旧有的模式有所反弹。但是通过越来越精准的觉知，我们会开始明白：我们所拥有的不只是这个情绪化的退化孩童，我们其实是有选择的。我们的行为或许会持续地反弹，但在任何时候，我们都有可能从这些机械化的反弹行为中苏醒过来，开始听从自己内在的智慧。

第十一章 为自己的能量负责任——诚实面对自己的感觉

移动，但是不要朝着恐惧要你移动的方向移动。

鲁米（Rumei）

“责任”这个字很容易被人们误解为“职责”或“规范”。因为我们每个人都曾经被教导过什么叫作“正确”“适当”的生活方式，所以我们许多人往往不假思索地就会把职责与规范加诸自己身上，努力遵循不已。但是，真正的“责任”其实是觉知到我们行动所带来的冲击与影响，并且愿意去注意到自己的行为是如何影响到他人的。或是正如我们的灵性师父所说的，责任（responsibility）意味着一种“反应的能力”（response-ability），也就是一种待在当下片刻，适当响应当下情境的能力。当我们以这种方式负起责任的时候，不仅他人能够信任我们，在我们的内在深处，我们也能够尊重自己和信任自己。

不负责任的代价

在我们最近的一个工作坊里有一个叫作桑德拉的学员，她不愿意做她被分配到的部分工作，而那是每一个团体成员都会被邀请去做的工作。通常在我们举办工作坊的地方，我们会在课程期间邀请学员们一起维持环境的整洁，那其实不是什么太大的要求，但是如果有人不愿意做这些小小的工作时，他需要通知负责人，以便找到替代的人手。但是在这个例子中，桑德拉不愿意做她被分配到的工作，但是她也没有通知任何人，结果和她配对的伙伴必须单独留下来完成两人的工作，所以这名伙伴觉得自己没有得到应有的尊重而感到愤怒。当这名伙伴在团体中提出这个事件，表达出她觉得自己没有受到尊重的感觉时，桑德拉为自己辩解，她不愿意承认自己有任何不尊重的行为，她觉得她可以自由地做她想做的事情，她也可以自由地不向任何人做任何解释。当这种情况发生时，所有的团体成员都支持那个觉得自己没有受到尊重的伙伴，所以桑德拉觉得所有人都疏远她，她开始进入不信任以及孤立的状态里，那不仅是她极度熟悉的一种状态，也是她这一生主要的生活方式。

当我们不愿意为自己的行为负起责任时，我们会变得疏离与孤立，然后我们谴责他人不理会我们。但是更糟的是当我们不负责任的时候，我们需要付出的代价是被当成一个孩子来对待，而且在内心深处，我们也会觉得自己像是个孩子。

我（克里希）童年时最痛苦的一部分就是我发展出了一个“不负责任的孩子”（老二综合征）的自我认同。由于这样一个认同，我得到许多注意力，但它同时也侵蚀了我的自尊。然后那变成一个痛苦的恶性循环，我的行为强化了我这种负面的自我认同，而当这种自我认同感变得越深的时候，我强迫性的行为也变得越严重。我会责怪别人没有把我当成一个成人来对待，但是当我的行为不像个成人时，我要如何期待别人把我当个成人来看待呢？后来当我进入心理治疗之后，我可以了解到这个自我认同的根源，那是当一个孩子觉得自己没有办法满足他人期待与压力时所产生的状况。慢慢地，我非常努力地面对自己的恐惧，试图了解所有这一切的根源并且开始冒险去探索与滋养我自己的天赋，我开始穿越了这样一个自我认同。

有一个男人最近告诉我们他的妻子跟他最好的朋友发生关系，当我们更深入地挖掘他的故事时，我们发现当他的妻子在怀他们的第一个孩子时，她其实不觉得那是自己怀孕生子的好时候，因为她当时不仅有一份全职的工作，她也同时还在学习一项新的技能。这名男士当时恳求他的妻子留下孩子，他并且承诺愿意在她念书、忙碌的时候承担大部分的婴儿照顾工作。所以他们有了孩子。但是现在，在孩子出生三年之后，他的内心充满了生气、怨恨和萎缩的感觉。他责怪她没有做到他想要她做的事情。对他来说，和她共同生育一个孩子更像是一个浪漫的美梦，而不是一件实际的事情，现在他一点也不想面对自己必须照顾孩子的这个事实。然而更糟的是他把需要照顾孩子这件事情当成是一个借口，迟迟不愿意跨出去建立属于自己的生活。他的妻子虽然仍然还爱着他，但是也深觉得自己被背叛，所以，她通过和先生的好友上床这件事情来表达她的愤怒以及被背叛的情绪。常常，觉知到自己的不负责任就是我们通往负起责任的第一步。

对自己的能量不负责任

责任并不只是满足某一种承诺或义务，它还牵涉到我们如何处理自己的情绪与能量。在最近的一个工作坊中，有一名男子经常在团体进行分享时发言，但是当轮到别人说话，而他没有得到团体的注意力时，他也不会去倾听他人的分享，有时候他甚至就干脆躺了下来，做出一副睡觉的样子。一段时间后，有另外一个团体成员说他的这种行为让他觉得没有受到尊重，结果这名男子开始变得愤怒且自我防御，他宣称他一直都在倾听。然而，很明显的是每个人都可以感觉到只要在这个人没有得到注意力的时候，他也没有任何兴趣去倾听他人说话。稍后在工作坊之中，他的妻子在分享时提及他曾经对她和孩子暴力相向，所以她非常害怕他的暴力。结果在那9天的工作坊里，许多学员都开始害怕他，这虽然让他觉得自己拥有某种力量与控制权，但是他却失去了他人的温暖与情感。

谴责或放弃

另外一种没有为自己的能量负起责任的方式就是把情绪归咎于他人、归咎于周围的环境，认为外在世界需要为我们内在的状态负起责任。大部分的时候，我们这种看待生命以及看待他人的方式是从我们的父母亲身上学到的，然后责怪他人就变成了我们一种自动化的反应。

像是我（阿曼娜）的父亲常常会把自己的“坏运气”归咎于某一个人，然后他可以持续不断地责怪、抱怨那个人有多么的恶劣。通常，他最主要的抱怨对象就是我的外公、外婆，因为他觉得自己没有受到应有的尊重。但是事实上，他总是可以找到一些理由来责怪别人。他变得越来越愤世嫉俗，最后那个无法为自己生命负责的部分接管了他的一切，他用酒精来驱逐他的失望与失落，他用各种方式虐待自己的身体，然后他在38岁的时候放弃了自己的生命。

所以我父亲这种行为的阴影一直围绕着我的生命，我从很小就学习到如果生命没有给予你所想要的东西时，你不是谴责生命就是放弃。虽然，为了不要受我父亲的影响，我的行为摆荡到相反的那一极，我变成了一个极度负责任的人，但是有时候我还是会陷入我父亲那种充满了忧郁的旋涡。特别是当我觉得疲倦、精疲力竭的时候，我真的觉得自己像是被一种能量接管一样。在那种状况中，我觉得自己没有办法给予自己所需要的，而同时我也觉得自己没有办法开口去寻求支持。那是一种全然黑暗且无助的空间，我需要我所有的力量才能够保持观照，静静地坐着感受它或者是让自己出去散一会儿步。后来当我知道这种状况的根源来自哪里时，那对我有极大的帮助，我开始了解到，透过这样一个充满了放弃的空间，我像是再度和我父亲有所羁绊（bond）一样，而这样一个羁绊是一个孩子想要和父亲在一起的深沉渴望。当我了解到这一点时，我可以花一些时间给予自己真正需要的东西，而不再陷入忧郁当中。

愤怒

我们对于自己的愤怒常常是相当不负责任的，我们大多数的人内心都携带了许多未曾探索过的无意识愤怒，而当我们不曾以一种健康的方式去面对这些愤怒时，它们往往会以一种突兀而不适当的方式出现。

我们曾经和一对伴侣进行过工作，一开始的时候，他们看起来对对方充满爱意与亲密。但是一段时间之后，我们发现男方常常会在喝过酒之后毫无预警地爆发出他强烈的愤怒，他会用言语污辱她、虐待她，甚至在孩子面前羞辱她。虽然他现在已经开始接受治疗，面对这个状况，也开始为自己的愤怒负起责任，但是他的妻子却已经发展出深度的不信任感，她觉得自己没有办法像以往那样向他敞开自己。而他虽然能够承认、接受自己对妻子的虐待行为，不过他还不愿意去感受他为她所带来的伤痛。除非他愿意打开自己的心，感受自己对妻子所造成的伤害，否则她将很难敞开自己去信任他。

关于愤怒和受伤的感觉，另外一种不负责任的处理方式就是通过切断关系、收回爱与能量这种间接的方式来表达。虽然这是人们面对伤害时常常使用的一种方式，但是它并不是一个好方式。因为它是一种间接的表达，它让能量持续地停滞、封锁在我们的系统当中，毒化自己。有时候，我们这种退缩性的行为可以延续好几年，让我们无法深入自己的感受里。

在我们的工作坊里，有一名男子难于承认和接受自己的愤怒，特别是当他想要做爱而他的妻子却不愿意配合的时候。面对这种拒绝，他行为上的反弹方式就是变得极度情绪化，脾气暴躁又易怒地在屋子里走来走去。但是如果他的妻子问他："有什么事情不对劲吗？"他又会说自己只是心情不好而已。在这种状况下，这些受到压抑的愤怒只能转向内心深处，为他带来许多身体上的症状，最后导致重度的忧郁症。

我们的身体

在我们成长为一个成年人的过程中，其中一个非常重要的向度就是为自己的身体负起责任。而只有当我们开始从内心去感受自己的身体时，我们才能够开始为自己的身体负起责任，像是如何去满

足身体的需要，给予适当的食物、睡眠、环境与运动。当我们让某些不健康的上瘾行为虐待自己的身体、不去倾听自己身体的需要时，我们只是让自己变得退化，并且更加强化了我们原本的低自尊。结果这整个情况会变成一个痛苦的循环，因为我们会批判自己，然后这些批判会让自我破坏的行为变得更加严重。对一个孩子来说，他不知道什么是健康，他不知道哪些东西对身体有益，他追求的是立即性的满足，他不会去思索后果。所以在我们学习为自己的身体负起责任时，我们开始成为自己的父母，试着找到某些有益于身体的方式来照顾自己。不过，如果我们发现自己有着严重的自我破坏行为，而自己一个人的力量又不足以改变这种行为模式时，这时候我们的责任就是往外去寻找我们所需的支持，协助自己改善这些负面的生活模式。

当我（阿曼娜）年纪还小的时候，我和自己的身体就已经变得非常的疏离，我甚至切断了和身体之间的联结。我所成长的环境非常强调外在的事物，我周围的人都以一种痛苦而肤浅的方式在互动，因为在那里感觉被认为是不正常的，所以任何一种情绪都被认为是一种威胁。所以结果是我不再去感觉自己的身体，然后从我的青春期开始，我就用香烟、毒品、熬夜不睡、垃圾食物等方式来苛待自己的身体。我会想尽办法节食瘦身，不断地计算着食物的卡路里。当我二十出头开始参与治疗团体和静心之后，我才第一次开始从内心去感受自己的身体以及身体的需要，我开始注意它想要吃些什么，它想要如何移动。我学习到如何一个片刻接着一个片刻地去倾听自己的身体，尊重自己的身体。我也开始舞蹈、慢跑、做瑜伽，还有到大自然里去散步。现在我的体重和二十年前我青少年时期的体重是一样的，但是我再也不需要节食或者计算卡路里，我吃我觉得想吃的东西，不需要任何挣扎，我的身体开始变得和谐。

金钱与物质世界

我们另外一项需要学习的挑战是如何在金钱与物质世界的向度上为自己负起责任。在金钱与物质的向度上，我们有时候可以变得非常的草率、轻率且不负责任，例如不付清账款、借东西不还、不处理自己的账单、让信用卡的账款累积得越来越多、不去照顾保险或税务等实际事务、让别人持续性地为我们支付账单，等等。对我们来说，我们需要看到自己是否允许退化的孩童控制我们对于金钱与物质的处理方式。

比如说，我们有一个朋友常常在大家一起上餐厅吃饭时不付他自己该付的费用，或者宣称他没有零钱稍后再付，但是稍后就干脆忘记有这么一回事。我们另外一个朋友的桌上总是堆着一叠未拆封的账单，当信用卡的债务累积到某个可观的程度之后，他只好宣布破产。还有一个朋友则是在借用东西之后总是要别人提醒才会记得归还。我（克里希）过去在不同的时期里，也都有过这些让我觉得深感罪恶的行为。除非我们去面对自己对物质世界的恐惧以及我们无意识中希望被照顾的欲望，否则我们退化的孩童会继续接管我们这个向度上的行为。其实这些轻率与不负责任的行为呈现了我们对于金钱与物质的恐惧，但是当我们继续这样的行为时，我们必须付出相当高昂的代价，那就是我们会失去对自己的尊重。

帮助我们学习负起责任的元素

在我们的体验里，对于不负责任以及无责任感的这个主题，有三个元素是我们需要注意的：第一是去了解并且感受自己这些不负责任的行为，和我们被背叛、被侵犯的原始创伤有着什么样的关联，而这也是三个元素中最重要的一个。第二则是愿意去感受到自己的行为是如何影响到他人，造成他人的痛苦。第三个元素则是一份来自灵魂真心恳切的成长意愿。

1.去感觉我们在不负责任与不诚实背后的恐惧

我们不会只因为决定要开始负起责任，就变得能够负责。这个负起责任的过程要远比“决定”还来得深远，我们其实需要从根源开始去探索这种不负责任、不诚实的部分是从哪里来的。通常当人们指出我们不负责任或无责任感的行为，或是我们自己开始觉知到这些行为时，我们不是充满了防御，就是充满罪恶感地道歉。但是这些方式都没办法带来真正的帮助。当然，当我们开始注意到自己不负责任的行为时，感觉有罪恶感是比否认与自我防御要来得健康的一步，但是只有罪恶感并没有办法改变任何事情。它是很好的第一步，但也只是第一步而已。

我们通常不认为自己不负责任和无责任感的行为会和自己的创伤有什么关联，但是事实上，这些行为正是来自我们内心所携带的创伤、羞愧与惊吓。桑德拉（我们在本章一开始时所举的例子）的母亲常常会有毫无预期的愤怒出现，还有她每隔一段时间就会离开家人消失好几个月，所以在她母亲这种方式的养育之下，桑德拉对于惊吓早已变得麻木而不再有感觉。虽然她自己并没有觉知到这个创伤有多么的严重，但是它造成的结果是桑德拉对自己和他人都失去了敏感度。桑德拉所学习到的生存方式就是保持疏离、漠不关心，也不在意她的能量对他人造成什么样的影响。通过这种方式，她让自己待在一个安全而充满保护的孤立状态里。向人道歉只会让她觉得自己变得脆弱，就像是毫无防备地承受母亲的打击一样，那让她觉得自己像是面临死亡与全然的毁灭。

我们之所以会常常有不负责任的行为是因为我们的内心有着如此巨大的恐惧，而我们的自我形象早已饱受损伤，以至于我们根本不知道负责任、有责任感是什么样的一种状况。像是我们经常租借场地举行工作坊的那个场地屋主，他常常会大方地做出各种承诺，但是事后却往往会很难去履行承诺。他的内心极度需要得到权威人士的赞赏，而这种需要迫使他做出许多夸张不实的承诺。这些夸张不实的现象其实是我们无意识里常常用来掩饰恐惧的一种常见方式，是这些恐惧驱使着我们产生习惯性的不诚实。此外，大部分人的互动也常常不是诚实和真实的，即使口头上我们被教导着要诚实，但是我们所接受到的印记与制约却是不诚实。诚实不仅令人感到惊恐，并且需要承受被拒绝、不被认同、面对愤怒、被羞辱或失落等种种风险。

我（克里希）曾经会夸大自己的形象、为了保护自己只说出一半的事实或利用说谎来得到我想要的，而没有意识到自己这样的行为其实是一种不诚实的行为。在我的记忆中，有很长的一段时间我常常会有公然说谎、夸大事实或只说出一半事实的行为，我不只是有这些行为，它们甚至牢牢嵌入我的内在，变成我自我形象里的一部分。对我来说，开始警觉到这种习惯性的行为是一个持续不断的过程，我需要不断地面对这种行为的出现，以及隐藏在这些行为背后的恐惧。

很多时候我们之所以说谎是为了害怕伤害某人，但是我们却没有意识到自己的不诚实，远比直接表达出自己的感觉和批判还更具有伤害性。当然，对一个偶尔碰到的熟人全然的诚实不见得是一件适当的事情，但是当我们越亲近某人，而且希望保持深度的亲密时，我们诚实的标准也会跟着提高。

最近我们曾经工作过的一名女子在异性关系上遇到了困难。虽然她刚进入一段新的男女关系，但是她仍然渴望着她17年前所遇到的另一个男人，那个男人目前已婚并且居住在另外一洲。这名女子虽然觉得自己目前这段新的关系还不错，但是她并没有被现在这个男友所吸引，也不特别享受与他做爱的经验。当我们问她是什么原因让她觉得这个男朋友不具吸引力时，她说这个男朋友看起来一点也不像她之前的那个男友，然后她也批判他在性的方面有问题。我们问她是否曾经诚实地对这个男朋友说出她对他的批判，以及她会拿他和以往男友做比较的这件事。她说她没有办法想象对他说出这些事情，因为那会对他造成太大的伤害。这名女子从来没有想过亲密关系其实是建立在诚实的基础上，在她的生命里，她从来不曾真的与人诚实以待，也从来没有人诚实地对待过她。后来我们告诉她，她觉得男友不具吸引力这点会比诚实相待更让他感到受伤，而且很有可能他已经感受到她对他的批判了。我们所说的这番话让她大为惊讶。

当我们教导人们“互相信任以及互爱需要两个人愿意对彼此百分之百的诚实”时，这让人们感到惊吓。诚实，或许是我们最不愿意负起责任的一件事。不过，我们也知道我们需要为自己的不诚实付出多少代价。

在我们缺乏责任感与不负责任的核心里藏着我们害怕成长的恐惧，以及待在当下的恐惧。对大多数的我们而言，学习“长大成

人，负起责任”这种观点是一件毫无吸引力的事情，因为当我们还是孩子的时候，我们看到周遭的人们是如何压抑自己、不快乐，并且被他们所谓的“责任”给压垮。在这种制约之下，我们的内在会有一股强烈的力量，希望自己永远也不要长大成人。因为长大意味着死气沉沉、严肃、迟钝以及永远也做不完的工作。对于这种充满压抑的制约，我们感到叛逆与反弹，而缺乏责任感与不负责任就变成是我们叛逆的一种方式。当然，它也变成我们的一种逃避方式，逃避去面对琐碎事物与日常责任所带来的恐惧。

当人们教导我关于“责任”的概念时，我（克里希）当时就产生强烈的叛逆和反抗，而其中很大一部分是针对这个传统世界中的许多事件，像是很长一段时间，我非常不愿意去承受家庭、传统工作、置产、贷款、保险等等负担。我真心地认为身为一个灵性的追寻者，住在一个灵性的社区里，这些事情都是负担，而我也拒绝这些负担。但是时间改变了一切，后来我开始了解，去面对现实生活中的实际事物，其实也是我成长与成熟过程中的一部分。在我们离开我居住了多年的社区后，我终于买了一栋房子，还买了保险等东西，但是在这些过程中，我常常需要尽最大的努力，不让自己的恐惧接管一切而放着事情不管。因为我没有办法相信在这些交易的过程中居然有这么多细节需要注意，我常常会怀疑耗费精力去处理这些琐碎事务到底是否值得。但是，让自己去处理这份“活在世间”的恐惧其实是重要、成熟且具有创意性的一步。当我跨出这一步时，我的父母亲当然非常的高兴。但是幸运的是我曾经体验过不同的生活方式，所以我很清楚知道自己的选择，所以我没有把这件事情看得太严肃。我的母亲把我的这种改变称为“mensch”，在希伯来文里这个字眼意味的是一个“负责任的男人”（她到现在都还认为我所有灵性上的冒险只是一个过渡期，而她一点也不介意这个过渡期持续了25年）。

2.感觉我们不负责任所带来的影响

在我们学习为自己负起责任的过程中，第二个元素就是感觉自己不负责任所带来的影响，特别是当我们无礼地对待他人、伤害到他人时，我们需要去感受自己的行为对他人造成了什么样的影响，并且同时去感觉这些行为又是如何影响到我们自己的生活。

在一个工作坊中我们曾经做过这样一个活动，我们列出一连串孩童时期人们常常会碰到的侵犯行为，还有现在仍然可能会碰到的侵犯行为，然后我们把这张单子发给学员，这个活动的目的在于协助人们去了解什么样的事情算是一种侵犯。虽然我们的焦点不在于我们是如何侵犯他人，而是我们曾经如何地受到侵犯，还有现在又是如何继续地受到侵犯。因为，只要我们能够深入去感受到自己曾经遭遇过的创伤，我们就很难继续粗鲁、无礼地对待他人。但是，在这个活动中，几乎一成不变地，人们总是会注意到自己是如何侵犯了他人，然后开始为自己的行为感到有罪恶感。然而，只是感到有罪恶感并没有办法为我们带来任何帮助，因为当我们觉得有罪恶感的时候，我们对自己的感觉糟透了，我们会批判自己，并且觉得羞愧。在这种自我惩罚的过程中，我们感觉像是得到了某种程度的释放，但是我们其实只是压抑了自己的能量，所以很快地钟摆就会摆荡到另外一端，我们又会再度做出那些让我们觉得有罪恶感的事情。只有当我们愿意敞开自己去感觉自己的行为所带来的冲击与影响时，我们才有可能真正地蜕变。因为，一旦我们能够感受到自己的行为将为他人带来什么样的痛苦时，我们就再也没有办法继续这些行为了。

在这个蜕变的过程中，我们需要把承受过我们不负责任行为的人给接纳进来，并且去感受他们的感觉。但是除非我们能够先接受自己的痛苦，否则我们是没有办法去接受别人的痛苦的，所以这个过程必须从我们自己身上开始。事实上，我们之所以去侵犯他人是因为我们也曾被侵犯，而允许自己去感受被侵犯的痛苦让我们能够在关系中抱持深度的敏感。通过接纳自己曾经体验过的痛苦，我们在自己内心创造出一个内在的空间，让我们能够开始去接受别人的痛苦。像是在桑德拉的例子里，她之所以会对他人的感觉缺乏觉知，是因为她对自己和自己的伤口与痛苦也是同样的毫无知觉。

3.决定成长的抉择

当我们深沉地感受过自己不负责任行为所带来的后果时，我们内在有些部分开始变得成熟。那是我们来自内心愿意为自己的生命负起责任的内心抉择，同时我们也开始明白，随着自由而来的是责任。通过这样一个日渐成熟的过程，我们的羞愧与惊吓开始获得治疗，而原本羞愧的自我形象也会开始有所转变。因为当我们过去是如此习惯于那些从羞愧，以及一连串无责任感行为所架构出来的自我形象时，我们不知道自己还能够有什么不同的行为。我们的行为是如此的机械化，如此深受到制约的影响，而我们却是这么的毫无觉察。

当我们透过某些小小的步伐，开始过着有尊严与诚实的生活时，我们也会开始有所改变。要如何创造出自己想要的生活其实完全掌握在我们自己的手里，我们并不是环境的受害者，事实上在我们生命成形的历程当中，我们自己扮演了非常重要的一个部分。

第十二章 爱与信任
——如何在亲密关系里建立起信任

到目前为止，我们曾经讨论过什么叫作最基本的信任，我们说过信任必须先从信任自己开始，信任我们的感觉、信任我们的直觉以及信任我们自己身体的信息。我们也曾经说过要学习信任，我们需要开始成长，不再为我们内在退化的孩童所控制。所以在这一章里，我们可以开始进入到爱人与朋友之间的信任。

当我们两人一起写这本书的时候，我们的亲密关系已经持续了11年。我们会说和另外一个人一起共同生活真的是一个相当大的冒险。甚至我们会说两个人学着生活在一起除了是冒险以外，更是一个极大的挑战。因为当两个人生活在一起时，除了年复一年、日复一日毫无间断地相处之外，他们还需要去注意到彼此的爱是否随着时日而加深，两个人是否都享受彼此共处的时光。虽然我们两个人曾经有过不少强烈的冲突，我们未来也还会继续面对彼此间的冲突和误解，但是，我们往往都能够不带怨恨地穿越这些冲突，而不会因为过去未曾解决的情绪就切断了和对方能量上的联结。

每一次当我们经历过冲突之后，我们都会对于彼此所拥有的奥秘有着更多的爱与了解。虽然冲突的过程有时候让人感觉起来几乎像是置身于地狱一样，但是每一次冲突都是一个机会，让我们对自己和对方都能够有更多、更深的了解。我们两个人以前从来没有想过能够拥有这样的一份关系，但事实是即使当我们自己的原始创伤受到牵动，而忍不住把对方当成敌人时，我们仍然能够一起走过冲突。所以这也是促使我们着手开始写这本书的其中一个原因。

不久之前，我（克里希）去拜访我的母亲（她已经90岁了），我们花了一些时间谈到各自的生活，我们谈到她和我父亲的生活，还有我和阿曼娜的生活。当时她说我能够找到阿曼娜大概是我人生中最幸运的一件事情。我同意她的看法，但是我也补充了一句话，我告诉她我不认为这完全都是由幸运所造成的，我说："毕竟，我可是花了许多年时间，花费了许多金钱在印度参与各种治疗活动（犹太人的母亲总是会把需要花大钱的东西看得很重要），你以为我那些年是在做什么呢？"

她虽然没有完全被我说服，但是我们同意彼此就这一件事情有着不同的意见。

六个关键

事实上，要在两个人之间发展出信任感并不是多么深奥的一件事情，它其实相当地简单，因为信任是以彼此对对方的了解为基础。所以，就"如何在亲密关系里建立起信任"这个主题，我们会在这里和你分享我们的一些了解和洞见。

1.如果想与爱人之间建立起信任，一件非常根本的事情是我们要开始认知到自己退化孩童的行为，并且为自己退化孩童的行为负起责任。

当我们觉得充满情绪、当我们的行为也充满了情绪时，我们就知道自己退化的孩童又出现了；此外，当我们试图寻求他人的拯救或试图去拯救他人时，我们也可以知道自己的退化孩童又出现了。

除此之外，退化的孩童也会在我们的上瘾行为中出现，不论这些上瘾症的替代品是食物、香烟、毒品，还是性、娱乐、购物或工作。

2.如果我们想要“爱与信任”这两件事情都能够不断地生长，那么我们需要清楚厘清自己的优先级，比如说，我们是想要把精力都投注在一个人身上呢，还是我们想要同时拥有多个不同的爱人。我们可以拥有深度或广度，但是我们不可能同时拥有这两者。所以我们需要为自己负起责任，去感觉自己的需要与欲望，并且清楚地向他人表达出我们的需要和欲望。

如果我们同时和不同的对象发生恋爱事件，那么爱人之间就难以发展出信任，因为信任的建立是需要时间的。信任它比较像是纤细的花朵，需要时间和养分才能够有所滋长。

3.要在两个人之间建立起信任，我们必须要能够尊重自己，不会为了“爱”而放弃自己。简而言之，我们不能为了亲密关系而妥协自己，放弃那些能够满足我们，并且对我们的生活与能量具有影响力的重要事物。

这意味着我们需要能够忠于自己的能量，即使有时候我们所做的事情很可能会导致亲密关系的破裂。换句话说，如果我们原本有属于自己的嗜好、运动、追求灵性的道路或交朋友等，在我们进入亲密关系之后，即使当我们的伴侣对这些部分没有参与的兴趣和意愿，甚至因此而感到威胁，我们仍然需要继续这些对我们而言具有意义的活动。

4.如果我们希望彼此能够互相信任，并且让这份关系能够发展得越来越深，那么我们需要做出一个承诺：我们愿意持续不断地向对方敞开自己。而这个承诺里也包含了愿意花时间和对方相处以滋养这份关系，并且愿意去体验自己过去的创伤和权力游戏。

我们的自我防御是如此的根深蒂固、机械化而又无意识。所以，我们需要一些努力才能够有意识地放掉这些根深蒂固的自我保护与孤立，并且允许对方亲近我们。除此之外，我们也需要诚实地去审视自己的权力游戏与策略，并且愿意放弃这些权力游戏与策略，向对方呈现出自己脆弱的那一面。如果我们希望一段关系能够日渐成熟，那么这会是其中极为重要的一部分，而且这也会需要两个人愿意花时间相处才有可能会发生。不然即使两个人只是生活在一起，只要能量上仍然是分开的话，关系也没有办法日渐成熟。

5.为了让爱与信任能够发展得越来越深，我们需要为自己在灵性与创造力上的满足负起责任，而不是把关系当成是我们唯一且主要的滋养来源。

当我们把所有的注意力都放在对方身上，期待对方为我们带来满足，而我们却无法在自己身上找到自己所需的满足时，这份期待会摧毁一段关系。

6.为了让爱与信任能够滋长，我们需要面对我们自己内在的空虚和寂寞。

如果我们只是利用关系来逃离自己的恐惧和孤单，紧抓着对

方、期待对方能够成为我们的庇护所，好让我们能够远离自己的空虚时，这只会摧毁关系里的信任。

接下来，就这六个关键，我们会做更为详尽的说明。

关键一：认知到自己是何时以退化孩童的状态来与人联结

当我们的关系中充满了反弹、冲突、期待、索求、失望与挫折时，那是一个明显的征兆，显示我们退化的孩童正支配着我们的互动关系。当我们想要得到某些东西或是没有得到自己想要的东西时，我们退化孩童能量中较为黑暗的那一部分有时候会开始进行报复、操控、攻击与批判。而一旦退化的孩童接管了我们的行为之后，我们就很难去觉知到自己的退化行为，而两个人也会随着时间而变得越来越难以信任对方。在《灵欲春宵》（*Who's Afraid of Virginia Woolf*）和《苦月亮》（*Bitter Moon*）这两部相当受欢迎的电影中都充分地表达出这个现象。在这两部电影中，男女主角都毫无知觉地被自己退化的孩童所控制。事实上这也是人们在亲密关系中的最大挑战，因为无论我们多么努力地尝试要压抑自己退化的孩童，亲密关系总是会引发出我们退化的孩童，让它浮现到表面上来。而且常常在无意识中，我们总是会选择到一个最能够引发出我们退化孩童的人来成为我们的伴侣。

琳达是我们的一个个案，最近和她交往了4年的男人离开她了。当他们在一起的时候，他们对彼此总是有着强烈的性吸引力，而且从某种程度说来这份性吸引力变成了他们亲密关系的基础。那名男子从来没有真正把琳达当成是一个人或一个女人来尊重。因为他自己也还有许多创伤没有得到足够的治疗，所以他没有办法真正地接受一个女人，大部分的时候他都让关系处在权力游戏与控制的状态中（当然他是那个保有掌控权的人）。所以琳达常常觉得自己缺乏安全感、觉得自己不够好。她从来不知道他什么时候会为了另外一个女人而离开她，她总是不断揣想着最糟的情况。但是，这种痛苦的情况其实是琳达自己的羞愧感所重演制造出来的，因为她觉得自己永远都没有办法吸引到一个“真正的男人”，而她的羞愧感则不断地重演出同样的情境。事实上真正的根源来自琳达和她父亲之间的关系，琳达的父亲总是不断地拒绝她，所以她的内在一直觉得自己从来没有得到过爱、也不值得被爱，也因此从以往到现在，琳达在亲密关系中总是在寻找一个可以让她觉得自己深深被爱的男人。

这种隐藏式的索求最后终于逼走了她的爱人，因为他想要的是一个女人，而不是一个总是在寻找父亲的小女孩。在这段关系结束之后，通过一连串密集性的治疗工作，琳达开始可以看到自己以往无法看见的部分。她看到由于自己的羞愧，她吸引了一个从一开始就拒绝她的男人，她也看到自己其实投射了一个不切实际的要求在对方身上，那就是渴望“他能够照顾她”。一开始，他的拒绝以及分手的伤痛是如此的强烈，以至于她完全沉浸在自己羞愧与被遗弃的感觉中，但是一段时间之后，她开始获得一种她以往从来没有体验过的信心与力量。

这个例子说明了男女关系中某些最基本的现象，那就是当我们以自己退化孩童的状态去与他人互动时，我们的关系总是会因此而受到伤害。因为当我们迷失在自己退化孩童的状态中时，我们在男女关系中最常陷入的游戏就是一方会说“我需要你，而且你需要照顾我。”而另外一方则会说“你需要我，所以我不能让你失望。”在琳达的例子中，她紧抓的幻想是自己能够从爱人那里得到保护与赞同，而他则是躲在自己旧有的防御模式里。他虽然扮演了一个拯救者的角色，但

却从来不曾暴露出自己的脆弱。所以他们对于彼此的不信任感变得越来越强，最后终于扼杀了他们最初所感受到的那份吸引力。

我（克里希）的母亲是一个强壮而有着过度占有倾向的人，而阿曼娜也有某种强势的性格。当我们刚开始交往，却还没有一同工作之前，我们常常会在阿曼娜生长的国家——丹麦——住上一段时间，她当时在丹麦有她自己的工作，所以我经常会在两个工作坊之间去丹麦和她会面。其实我在丹麦过得并不自在，因为我没有办法说当地的语言，而阿曼娜自在，这也让我觉得不舒服。有一次，我们经过一个加油站正准备要加油，她临走去柜台付油钱时告诉我该怎么进行加油的动作，早在那之前我就已经觉得不舒服了，我觉得她根本就像所有的女人一样老是试着要控制我，所以我马上就生气而开始有所反弹，甚至我还说了一些痛恨充满控制欲的女人的话语。但是当我说完之后，连我自己都开始觉得好笑起来，因为我可以看到我们两个人在这整个状况下的反应模式。首先，我可以看到我的反应纯粹是对我母亲的反弹，然后我可以看到她的“控制”则是为了要回应我退化孩童的无助。因为阿曼娜有一个酗酒的父亲，他的行为一直就像是个不负责任的孩子一样，所以每当她面对类似的情况时，她的反应方式就是让自己变得坚强而有效率。也因此每当我掉进某种行为模式，让她联想起她的父亲时，她的反弹反应就是马上一脚跨进来开始掌控全局。那个片刻对我来说是一个绝佳的提醒，提醒我记得去看一看自己内在到底发生了什么事情，而不是盲目地迷失在我的反弹行为中。

就我（阿曼娜）这一边而言，我需要不断地去学习观照我对男人的不信任感，像是他们没有办法处理好日常生活事务等不信任感。

因为每当我的不信任感被引发出来时，我马上就会进入一个特定的状态，我会开始接管一切，然后有效率地完成所有该做的事情。所以，我慢慢地学习去把很多以往非得亲自处理的细节交出去让别人处理，并且学着放手，允许克里希可以用跟我不同的方式去处理事情。现在，我事实上还蛮享受“我们竟然是如此不同的”这个事实，这也帮助我变得更容易放下我对事情的控制。

就我们的例子而言，我们所采取的治疗性措施是让克里希开始去处理和参与更多实际生活上的事务，而不再老是沿用他面对他母亲控制时的生存策略——出神而变得心不在焉。至于我这一边，对我来说具有治疗性的做法是当事情变得一团混乱、没有人处理时，我让自己和那个孩童的恐慌感待在一起，而不是马上进入“控制与作为”的反弹行为中。

在这个世界上，大概没有其他任何关系会比亲密关系更容易让我们变得如此情绪化、困扰、狂乱、挫折、绝望与迷失。但是，如果我们愿意学习去认知自己的这些情绪，并且和这些情绪保持一段距离的话，信任会在我们和亲密伴侣间开始生长。

了解我们自己的伤口以及我们童年时的创伤是一回事，而要在我们今日的亲密关系里观察这些创伤，还有观察它是如何影响着我们的关系又是另外一回事。要能够对后者保持觉知需要一些学习，因为退化的孩童常常会戴着成人的面具出现。

关键二：在深度与广度之间做选择

最近我们和一个女子进行了一节个案，她说她没有办法信任她的男朋友，因为他时常会和其他的女人上床。他们曾经在口头上约

定过不会和其他人发生关系，但是他却打破了这项约定，所以她觉得自己被背叛。现在她试着去决定自己该如何面对这个背叛，是否还要继续这份关系。在个案里，我们让她去探索这个事件发生时她内心有着什么样的感受，所以她开始碰触到她身为女人的羞愧感以及女人没有价值的深沉伤口。她后来承认她其实认为自己配不上他，因为她觉得他拥有比较充沛的能量，他也是一个比较具有吸引力的人。

这名女子没有办法看到她对他而言可以是一个礼物，她只看到他对她来说是一个礼物。当我们要她把羞愧感放到一旁，以一种较为客观的方式来观察这整个情况时，她可以清楚地看到他不是那种能够满足于一个女人的男人，至少不是现在。接下来，我们问她是否仍然能够接受这样的他，包括他想要和其他女人做爱的欲望，还有她是否仍然愿意和他在一起？她说她愿意。

在这个例子中，她的男朋友其实就只是做他自己，虽然他确实打破了他们之间的约定，而她也没有办法在这件事情上信任他的承诺，但是，他们两人之间的约定其实是来自她试图改变他、控制他的结果，并不是来自两人共同的了解。所以，可以说那项约定的基础是建立在她希望事情该如何进行的期待上，当她把觉知带进来这个情况后，她可以看到把这种约定强加在两人身上是没有意义的。

每当我们开始清楚自己的能量时，我们需要诚实地根据自己目前的能量状况，在深度和广度之间做出抉择，并且去面对这个抉择所带来的后果。

不论怎样，要厘清我们想要的是一个具有排他性的一对一亲密关系还是多样化的体验，并不是一件容易的事情。或许那就是为什么我们很难明了自己真正想要的是什么样的关系，因为我们的内在常常会有两个不同的部分渴望着不同的事情。某一部分的我们不想干扰到自己目前既有的生活，而另外一部分的我们则不希望自己总是在原地踏步或平凡庸俗。因此当爱人之间发生冲突，而两个人都不知道该如何处理那些被引爆出来的能量时，怨恨会开始不断地累积，直到最后两个人干脆停止任何的深度沟通。在这种充满愤怒与受伤的状态下，所有那些没有机会表达出来的能量会开始徘徊不定，进而转到其他人的身上。因此即使外表看起来像是关系中的一方受到了其他异性的吸引，但是事实上是当我们长久受困在某一个角色中，而亲密关系也变得越来越干枯时，我们的能量会因此而开始四处徘徊。所以当两个人没有办法一起成长，并且让亲密关系变得越来越深入、彼此越来越信任时，常常其中的一方或是双方就会开始产生外遇事件。有时候，有些伴侣觉得通过承诺来牵绊住彼此会比承受外遇的风险要来得容易，但是这种安排往往在亲密关系里是行不通的，因为这种承诺的基础来自一种概念，而不是出自于双方的了解。

几年前，我们两个人的一对好友碰到了困难。虽然他们在一起已经超过了10年的时间，但是男方开始受到另外一个女人的吸引，所以有一次当女方几个月都在国外工作时，他和那个女人发生了外遇。这场外遇对他们两人来说都是一个巨大的惊吓，因为这种外遇事件从来都不曾发生过。但事实上，他们两人的关系早已变得陈旧不堪，两个人都落入某种固定的角色。在两人之间，他变成供给者，情绪上开始变得退缩不前；而她的需索、依赖与紧抓，也随着时间变得越来越多。在这种关系的互动下，双方都觉得愤怒、受伤、没有得到对方的了解与重视，两个人都觉得被背叛。男方和新爱人的外遇事件断断续续地持续了一年，但是两个人都不清楚自己到底是想要继续还是要分手。最后，当女方得到另外一份工作合约，离开去工作时，她也发生了外遇事件，所以现在轮到他去感受那个被遗弃的痛苦。

情绪上的骚动起伏让他们两个人开始去检视自己的行为，探索自己需要从这个情况中学习的课题是什么。他们也不得不去检视他们所共有的这份关系，看看是否双方都还想要继续下去。这样的一个检视为他们带来了丰硕的成果，因为女方开始了解到当她极度地依赖对方时，她其实也放弃了自己的力量，而找到属于自己的力量对她来说是极为重要的一件事情。男方也可以看到自己供给者的角色和情绪上的退缩其实是一种旧有的逃避机制，对他来说，放弃关系里这个照顾者的角色，开始去探索自己的脆弱会是一件比较具有创造性的事情。现在，他们两个人以一种更为稳固且健康的方式继续他们的关系，开始真正地享受彼此的陪伴并且欣赏对方。

在我们两个人的亲密关系中，我们没有想过要与其他人发生性行为，但是这样一个状况并不是来自我们共同的决定，而是来自我们两个人共同的感觉。当我们彼此相遇时，我们两人都已经知道进入一个深度的亲密关系需要极大的信任，而这份信任不只是需要时间来发展，它同时也是纤细与脆弱的。而且我们总是觉得自己得到了对方充分的滋养，以至于我们没有任何向外发展的欲望。

真正建立起信任的不是什么规则或口语上的承诺，而是对自己的真实以及对对方的诚实。我们必须诚实地面对自己的需要，而且当我们的需要改变时，也能够允许改变发生。

我们每个人都是这么的独特，而且在不同的时期我们也都有着不同的需要。或许在某一个时期里，我们发觉一对一的关系能够让爱与信任有所滋长，这比同时拥有多个伴侣更能够滋养我们。也或许在不同时期我们发现相反的情况为我们带来较多的滋养。也或许像上述的例子一样，一对伴侣可能需要经历不同的阶段而让彼此变得更加亲密。

关键三：不妥协自己的生命能量，让信任生长

在我们最近的一个团体里，有一对伴侣的习惯是任何事情都要两个人一起进行。不论一个人去哪里，另外一个人一定也会跟着去，他们几乎没有办法允许对方有不同的意见。这对伴侣中的女方跟我们抱怨她的先生不让她去做她想做的事情，她说他充满占有欲，妨碍她的行动，然后她也批评他过度保守，压抑了她的生命能量。但是，当他玩他自己的计算机游戏时，她又会说她觉得受到干扰，她也说如果没有他在一旁鼓舞她，她就没有办法静心。

他们两个人之间的状况是一种“共依存现象”，这种现象其实是一个可以理解的状况，因为它常常发生在多年相处的伴侣之间。但是，这种情况也往往会让关系变得不健康、让两个人都感到窒息。这种现象之所以会发生是因为两个人都极度地害怕脱离，以至于两个人都很难让对方离开去做自己想做的事情、过自己想过的生活。当我们是如此害怕脱离，无法给予自己所需的空间时，我们很可能会把责任归咎于对方，抱怨对方不给我们空间。或者在更深的层面上，当我们和另外一个人亲密到某个程度时，我们很可能发现自己反而难以感受到自己的需求、感觉和能量，而当我们放弃自己身上这些极为重要的部分时，我们会开始感到怨恨而停止了对彼此的信任。

如果我们想要建立起信任，那么我们就需要开始去探索自己的生命需要些什么，即使我们的需要很可能和对方有所不同。这样的一份了解对于我们是否能够在亲密关系中信任彼此是非常重要的，因为只有当我们能够忠于自己的需要时，我们才会变得值得信任。所以即使我们的兴趣、我们发挥创造力及保持友谊的方式和对方有所不同，甚至产生冲突，但只要我们能够找到勇气去持续自己的创造力、友谊与兴趣，那么我们的给予才会是真实的。因为，当我们在那些重要的事情上妥协、放弃自己的需要时，它只会为我们带来怨恨与距离。像是当我们因为感受到对方隐含的要求或反对意见，我们为了避免冲突而妥协、否定了自己认为重要的事情时，我们会开始变得无法信任自己，而这会让对方也没有办法信任我们。因为对方将永远无法知道我们的所作所为到底是来自我们的真心诚意，还是来自我们害怕跟随自己的能量、讨好对方所产生的结果。

关系中最常见的妥协例子有：

停止去拜访某一个对方不喜欢的朋友、为了不离开对方而减少自己从事嗜好的时间、为了顺应对方的看法而改变自己的想法、用某种自己不喜欢但是对方喜欢的方式做爱或是说一些言不由衷的话语。这些妥协与让步有时候可以是非常微妙而难以觉察的，但是由于我们没有真心照顾到自己的需要，这些妥协会逐渐地侵蚀掉我们对自己和对对方的信任。

我们需要勇敢地去正视自己的需求。虽然为了生活在一起、为了相处容易，我们可以适度地调适自己，但是当我们开始调整那些跟我们本质有关的事情时，那就不再是一种调适，而是一种妥协。

关键四：敞开自己，让信任得以生长

这个关键里有三个向度，第一是有意愿去面对自己对于亲密的恐惧，并且愿意冒险去挑战这些恐惧。第二是有意愿去分享自己感到羞愧和受伤的事件，并且倾听对方的故事，认识彼此。而第三则是带着一种诚恳的意愿，开始去觉知到自己的权力游戏以及我们用来自我防御和报复的方式。

1．有意愿去面对自己对于“敞开”的恐惧

正如我们需要去尊重自己的需要和能量状况，我们也需要持续不断地努力穿越自己的自我防御。在亲密关系的初期，由于新奇感以及不信任的创伤还没有出现，关系中的双方比较容易向对方敞开自己，但是一段时间之后旧有的模式与自我防御往往会开始滋长。当我们的关系变得越是亲密，我们敞开自己的恐惧也就越深，因为我们也开始碰触到自己内在更深层的任性与羞愧感。而当我们孩子气的期待落空时，我们对对方怨恨与放弃的感觉也会开始滋长。为了让爱能够持续并且不断地生长，我们需要不断努力地向对方敞开越来越多的自己。有时候，当怨恨累积到某个程度，当我们对于敞开自己的恐惧受到牵动时，我们或许会让生活中的琐碎事件与压力占据我们大部分的心思，然后日子一天又一天、一个月又一个月地过去，我们让自己忙碌不堪而忘记和对方进行一些深度而有意义的互动。

在我（克里希）和阿曼娜在一起之后，有一次在我经过一段“忙我自己的事情”的时期后，我开始注意到自己内在有种不自在的感觉。过去我或许也会觉得不自在，但大部分的时候那比较是一种罪恶感。这一次我则是开始注意到自己像是少了些什么一样。如果我让时间就此流逝而没有给彼此一些亲密、联结的机会时，我开始会觉得有些什么事情变得奇怪、不对劲。基本上我是那种抗拒依赖他人的人，所以对我来说，待在自己的世界里要比与人联结要舒服得多了，我是在经过不少的调适之后，才开始觉得两个人在一起的状态与一个人“单独”的状态有着同样的滋养（这里我把“单独”这个字眼加上引号，因为对于一个抗拒依赖的人而言，我从来没有真正了解过单独的意思是什么。因为，我的单独往往比较是一种害怕被他人吞没之后的反弹，也是一种避免别人接近我的方式）。

对我来说，分享并不意味着就是说话，分享比较是一种能量上的联结，而不是那么多言语上的互动。这种方式不仅给予我自己空间让我和自己在一起，也让我能够和她在一起。不过，我仍然常常需要提醒自己不要迷失在旧有无意识的隐蔽世界中，忙碌于各种作为与计划，而忘记了和阿曼娜的联结。

2．开始认识彼此的创伤

在我们向彼此敞开的过程中，其中一大部分是开始了解对方过往被遗弃与被吞没的经验。因为，我们每一个人的内在都有一部分渴望与某人联结、融合在一起，但也有另外一个部分需要脱离和单独的空间。如果我们否认自己内在这些不同的需要时，我们往往会变得极度倾向于某一方，而发现被我们否定的另外一方出现在对方身上。因此当我们能够在自己身上认知出这两种不同的需要时，我们不只能够去满足自己的需要，我们也变得能够敏感地感受到对方的需要。而当我们能够接受彼此对于亲密和独处有着不同的需求时，那么即使两个人对于亲密和独处有着不同的意见，一个人想要

独处而另外一个人却想要联结时，这份了解与接受性也能够化解掉这份分歧。

因为我们过去都曾经受过创伤，所以就亲密和单独这两件事情，要在亲密关系中协调彼此不同的需求是个相当大的挑战。因为我们每个人都各自有着“被遗弃的经验”（童年时期基本需求未曾获得满足）以及“被吞没的经验”（孩子没有得到适当的支持去脱离父母的影响，并且开始拥有自己的个体性），所以对于单独和亲密这两件事情，当我们遭受拒绝或是没有受到尊重时，我们的感受会特别的敏感。但是如果我们能够了解彼此过去的故事，知道对方在爱与滋养上曾经经历过什么样被剥夺与被遗弃的事件，那么我们也比较能够了解为什么对方对于某些事件特别容易有所反弹。这同样的情况也适用于“占有”和“没有受到尊重”这两种状态。了解彼此内在那受过创伤的孩童能够帮助我们避免掉许多误解与冲突。但是不论如何，我们也要小心不要只是通过自己的头脑来理解对方，以至于让这些“了解”否定了我们自己的需求和感觉。真正能够在亲密关系中建立起信任的是了解彼此过往的故事，并且把那个受创伤的孩童接纳到我们的心里，就像是我们深深地了解对方，接受对方的伤痛一样。

说得更精确一点，了解自己故事的意思就是开始亲密地觉知到我们自己曾经经历过的创伤与羞愧。

了解是哪些事情让我们远离了自己，迫使着我们放弃真实的自己，并且开始戴着面具去寻求爱与认同；了解是哪些事情让我们没有得到应有的重视，甚至被拒绝；了解我们是如何被羞辱、虐待、压迫、管束、制约与压抑。所有这些经验不仅构成了我们的生命故事，它们也决定了我们现在亲密关系互动的模式。从我们自己的故事里，我们可以看到自己的伤口是如何一次又一次地被引发，然后

我们也可以在对方身上认知出同样的状况。

我（克里希）一直有一种很深的创伤感觉，那就是和我建立起亲密关系的女人到后来都会拥有极度的占有欲，开始破坏我和其他女性的友谊。在我和阿曼娜的关系开始没有多久之后，我们就因为我的一位亲密女性友人而起了冲突。阿曼娜认为我的朋友不尊重我们两人之间的关系，而我则觉得阿曼娜试着疏离我和我的朋友。由于我是如此被我童年时期以及后来的经验所蒙蔽，以至于我没有办法清楚地看到这整件事情。这是一个很清楚的例子，说明了我们的伤口是如何彼此碰撞的，也就是我们曾经说过的“当金刚碰到科学怪人”。阿曼娜觉得没有得到我朋友的尊重，她觉得被轻视，而我则觉得被控制。

幸运的是，我们两个人都能够允许冲突，并且去检视这个事件对我们的内在成长具有什么样的意义。对阿曼娜来说，她需要信任她的感觉，允许她自己待在反弹行为里，例如不和我的那位女性友人碰面，至少有一段时间不和她有任何的关系。而我呢，我需要认清这个事实，那就是阿曼娜是我的女人，我需要让我的朋友知道阿曼娜觉得没有得到适当的尊重。除此之外，我也需要去看到这份友谊对我的重要性，即使阿曼娜可能不赞成，我也需要继续保持和这个朋友的交往和会面。我们分享了这件事情在我们内在所引发的状况和旧有伤口，并且倾听对方的需要。一段时间后我们的伤口愈合了，而现在我们三个人保持着亲密的友谊。

3. 觉知到我们自己的权力游戏

与脆弱、易受伤相反的另外一面就是自我防御与权力游戏。在亲密关系中，每当我们觉得失望、被背叛或受到侵犯时，我们会很习惯性地进入防御与控制的游戏中。要能够觉知到自己的权力游

戏，并且决定放下这些权力游戏其实需要相当大的意愿。我们之所以会发展出这些策略，是因为它们让我们觉得自己在这个世界上是安全的，它们也让我们在人际互动中觉得自己是安全与坚强的。这些权力游戏为我们带来的是一种虚假的自信与力量感。除此之外，权力游戏为我们的亲密关系所造成的不信任感要远比其他事情都来得强烈，当我们试图去控制对方、强行索求某些事物，当我们说谎、轻视对方、虐待、操控、欺骗、不尊重对方、贬低对方或试图让对方感到有罪恶感时，对方对我们的信任也开始崩溃。

如果我们想要信任，那么我们需要去看一看自己曾经做过些什么事情，让对方难以安全地敞开自己，显露出脆弱的那一面。

最近，有一个女人带着极度的困扰来找我们做个案。她和另外三个女人同住，而她觉得她们都不尊重她，所以她想知道她该如何来面对这种情境。在这种情况下，她需要探索好几个不同的向度，第一个向度是这个情境重演了她童年时期和母亲以及妹妹的关系，当时她的妹妹总是得到母亲大部分的注意力，而她觉得自己被排斥在外。另外一个向度是每当她和那些比较强壮、坚定、不那么尊重人的女人在一起时，她很容易就会觉得自己受到惊吓。关于这两个向度，她的探索进行得相当容易，但是她却难以看到她自己其实也不尊重那些女人，她也经常攻击她们。她只能看到她们是如何侵犯她，却没有办法看到她是如何侵犯别人。因为，那些女人的行为其实只是对于她批判、期待以及过度索求态度的一种反弹。但是她没有办法看到自己的愤怒与任性。

有时候，我们的权力游戏是如此的根深蒂固、自动化与无意识，以至于我们完全没有意识到它们的存在。而且常常我们只注意到别人做了些什么让我们把自己封闭起来。但是，当我们只注意到他人的权力游戏，而没有看到自己的权力游戏时，那其实是一种逃避检视自己的方式，不愿意看到他人的行为某种程度也是由我们所引起的。如果我们一直在等待他人能够放弃他们的权力游戏、敞开自己，那么我们可能需要等上很长一段时间，但是如果我们愿意诚实并且敞开地审视自己的行为时，我们的能量就会有所改变。而当对方感受到我们的改变时，他们会因此而开始有所敞开。否则，对方只会觉得自己越来越受伤而开始保持距离，即使他们不见得发觉自己开始保持距离，但是事实上他们已经失去了安全感。

在我们的工作坊中，有一个男人提到他对于妻子一年前的离开仍然感到生气与受伤。他生气的原因是她在分手之前就已经有了外遇，但她却从来没有告诉他，而离开前也没有向他做任何解释。当我们开始深入去探索这整个情况时，我们发现在他的童年时期他的母亲经常责骂他，但是当他长大之后，在他的亲密关系里他却成了那个经常责骂他人的人。他没有办法看到是他自己的攻击与控制让他的妻子感觉备受威胁，他也没有办法了解是这股能量让她把自己封闭起来，到最后甚至害怕到无法面对他而离开。他唯一感觉到的就是他自己被拒绝。

我们害怕被遗弃、被侵犯的恐惧助长了我们的权力游戏。当我们开始觉知到这个事实的时候，我们也就能够切断这种习惯性的行为。

要看到我们自己的阴暗面像是攻击、易怒、隐藏的怨恨、控制、专制、引诱、不诚实、竞争与报复等部分，会远比探索自己的伤口还来得困难。对于我们的伤口，我们多少会有种神圣而不可侵犯的感觉，但是这些阴暗的部分则往往被自我批判和否定所掩盖。

要接受我们自己身上的这些阴暗面，原谅自己，不是一件容易的事，但是它们都只是把我们的恐惧和伤口包裹起来的外包装。当我们越是能够深入了解自己是如何感受创伤与羞愧感的，我们也就越能够带着关爱的光亮来看待它们，知道它们只是我们的一种生存策略。虽然我们现在或许再也不需要它们了，但是在我们的童年时期它们却是必要的。

关键五：为自我的满足负起责任

我们大部分的人都有一个浪漫的梦想和制约，我们认为只要找到“对”的那个人，我们就会拥有一个神奇而令人心满意足的关系。可想而知，当我们把这种误解强加在我们的亲密关系上时，那也为我们的关系画下了灾难的蓝图。事实上，如果我们希望自己能够拥有一个深入且丰富的亲密关系，我们需要去发掘自己的创造力以及寻找自己心灵上的满足。

在我们的工作里，我们经常会碰到这种依赖爱人或依赖关系去满足自己内在空虚的人，他们从来不曾为自己去寻找心灵上的满足。然而根据我们的经验，我们每一个人都需要不断地往内看，给予自己所需的一切，来满足我们在创造力与心灵上的需求。

如果我们想要能够真正地去珍惜对方、认知到对方独特的天赋，那么我们需要在自己的生命中找到满足。

在不需要依赖伴侣的状态下，我们需要能够通过独处或发挥自己的创造力等方式为自己带来喜悦。如果我们把所有希望都寄托在亲密关系上，期待对方为我们带来满足的话，我们事实上就摧毁了“爱”这朵纤细的花朵。

关键六：迎接单独

所以这也带领着我们来到最后的这个关键——迎接单独。从某种程度来说这是所有关键中最困难的一个，因为它迫使我们去面对自己被遗弃、被拒绝和被孤立的深沉恐惧。我们曾经在前一章里讨论过这个主题，但是因为它对爱人间的信任是这么的重要，所以我们需要在这里再一次地提到它。当我们愿意去面对自己的单独时，我们就创造了一个让爱和信任得以绽放的基础。因为当我们能够独处的时候，我们的伴侣不会觉得他需要为了得到我们的爱而放弃自己的自由。当我们愿意去面对自己渴望对方陪伴却又得不到的挫折时，对方会开始感觉到我们的爱不再是有条件的爱，而这也是我们能够给予自己以及对方的一个最伟大的礼物。

第四部

信任与智慧

第十三章 内在与外在的引导——从迷惑到智慧的旅程

不论是哪一种情况，当我们向一个爱人、朋友、老师、治疗师或上司敞开自己的时候，我们都会经历到一个我们曾经提过的类似过程。我们会从一开始时的谨慎（全面的不信任）来到兴致高昂、欣喜无比的敞开，然后再从充满信任的状态（幻象的信任）来到感觉失望与被背叛的阶段。如果我们能够带着了解来穿越这些过程，而不是让自己陷落于其中、充满对他人的谴责，那么我们就能够来到真实信任的阶段。

通常为了要克服我们初期的不信任，当我们碰到某个我们觉得可以信任的人的时候，我们会把对方理想化、让自己被迷惑，我们把对方放在一个高高在上的位置，而无法清楚看到对方的真貌，这种被迷惑的现象几乎是难以避免的。因为我们大多数的人内在都有着一份深沉的渴望，希望自己能够找到一个人让我们能够全然地臣服。而且这样一个经历迷惑的过程事实上也有着正面的意义。因为如果我们希望自己能够在情绪与心灵上有所成长，我们需要能够向外与他人互动和联结。我们需要冒险去放掉自己的自我防御和戒备，允许自己向他人敞开自己。如果我们不愿意往外跨出这一步，那么我们将很难或几乎没有办法脱离自己原有的制约，更别说找到某种创新而鲜活的方式来体验自己、敞开自己，并且穿越伤口而来到一个新的意识状态。没有这种支持，我们很容易就会隐藏在我们的自我防御里，永远无法敞开自己去体验生命中新的事件。

或许，没有任何一个领域会比我们的心灵成长来得更为重要且具有张力。因为当我们向一个灵性导师、治疗师或师父敞开自己的时候，我们其实是敞开了自己灵魂中最脆弱的那一面。

心灵成长和情绪成长上所需要承担的风险比任何事情都来得高，因为我们敞开的是自己内在最深也最恐慌的部分。

因为真理、平静和生命意义是如此的深沉而富有意义，所以我们的追求也是如此地深沉而恳切，也因此我们全心全意地认为那个让我们如此敞开自己的人，不应该背叛我们所给予的信任，他应该全然真实地言行一致。我们认为一个灵性的导师应该是绝对真实的，并且能够以一种细腻的方式尊重我们所受到的限制。甚至，我们也认为一个灵性导师应该负起责任，不让他的学生和门徒养成对他的依赖，而是协助他们找到自己的力量、找到自己的智慧。在一个完美的世界里，这些或许是可能的，但是它距离我们所生活的这个世界太过遥远。许多导师陷落在他们自己的自我陷阱当中，他们非但不曾协助自己的学生穿越依赖，唤醒自己内在原有的自然聪慧而变得成熟，相反地有些导师强化了学生对他们的依赖。

最终说来，重新找回我们自己内在的引导是我们自己的责任。当我们让自己向一个导师敞开时，我们需要去接受自己或许会经历或感觉被背叛的可能性。我们需要穿越这些被背叛的感觉，探索自己不信任的伤口，并且从中找到成熟的信任。

到了某个阶段，我们也需要找回自己的力量，整合我们曾经接受过的教导，并且让它成为我们自己的一部分。所以即使我们觉得自己遭到了背叛，那也是我们自己该承担的责任，我们不应该把这

个经验当成借口而把自己封闭起来，相反的，我们需要去经历自己的创伤并且保持敞开。最终，我们会发现所有这一切其实都是同一件事情，那就是我们是否能够向存在敞开、向生命敞开，并且通过这份敞开而明白生命对我们的眷顾。这是我们每个人所渴望的信任，也是我们内在最深的缺憾。

克里希的故事

我要分享在这个向度上我曾经经历过的过程，因为就我们目前所讨论的这个主题——“找回信任”——而言，它充分反映出了其中几个重要的阶段：从一开始不信任的阶段到接下来迷惑、幻想，然后经历过被背叛的经验，最后才来到真实与成熟的信任。

25年前，我在南加州的一个叫作拉古娜海滩（Laguna Beach）的小镇上以治疗师和家庭医师的工作为生。在那之前我曾经体验过许多不同的心灵成长方式，像瑜伽、内观静坐，也去找过不同的治疗师，但是我从来没有向任何一个灵性导师深深地敞开过自己。在我求学期间，我非常卖力认真地学习，但是从我由大学和医科毕业之后，我可以感受到内在很深的不满足感。我知道除了成功的事业以及家庭生活以外，人生应该还有更多其他的部分，所以我开始非常认真地寻找真理。这个追寻带领着我尝试过一些能够引起幻觉的药物以及人类潜能工作坊，但是我知道还有更多我需要去寻找的。当时我因为被印度一位灵性大师所吸引，所以离开了我的诊所以及我在加州的生活，在没有明确归期的状况下，我开始了我灵性上的冒险旅程。

当我到达那个社区时，我看到的是这样一幅景象，上千个人穿着红色的袍子，追随着一位灵性师父。那个社区里的人彼此互动的方式看起来非常的友善、自由而又无拘无束，没有人特别过来向我表达任何欢迎之意，这让我更觉得自己像是个全然的局外人。当时社区里的活动包含了师父早上的演讲，在演讲中他会评论各个不同灵性道路所流传下来的经文，或是回答门徒所提的问题。除此之外，小区里也提供了广泛的治疗团体和静心活动供人们参与，绝大部分的人都会按照工作人员根据直觉所提供的建议去参与团体课程。

我对这整个景象充满了怀疑、害怕和好奇。所以我开始参与了一系列的课程，并且每天早上倾听师父的演讲。在演讲当中，师父经常会提到“找到自己，成为一个自在、宁静与静心的人”。为了能够深入静心，他说我们需要从突破自己的制约开始，因为制约把我们禁锢在古老而又充满了压抑的教条中，我们需要去学习如何全然地活出自己的生命。除此之外，他也提到严苛的戒律只会助长一个人的自我，放下以及真实地生活远比戒律还来得更为重要。师父的话语感动了我，因为我曾经花了好几年的时间非常严格地进行瑜伽和静心上的修炼，到那时候我已经开始觉得这种方式有点枯燥。而且师父也提及人们并不是为了崇拜他或跟随他而待在那里，人们之所以会在那里只是为了要找到自己。

我参与了社区里的治疗团体，那些治疗团体远比我在加州曾经经历过的团体激烈许多。在那些团体中我学习到自由地去探索我自己的性能量，我也学习着让自己更敞开地表达出自己的愤怒和伤痛。后来在接下来的几个星期里，我开始觉得自己适合那个地方，我甚至有个强烈的感觉是“我回到家了”，所以我决定接受点化成为门徒。成为门徒会收到一个新的名字和一条串珠（串珠是由一百零八颗木珠子加上一个师父照片所串成的链子，而一百零八颗珠子象征着一百零八种不同的静心）。点化进行时，我在听到我的名字之后走向前去，我看着师父的眼睛，我所看到的景象深深地震撼了我，那是一种被淹没的感觉。感觉起来像是没有人在那里一样，看着师父的眼睛，我像是看到了整个宇宙，然后那个“没有人在里面”的人居然还对我说着话。他对我说，我不需要这么努力地去寻找神，对我来说，我只需要享受生命，神就会找到我。接下来他问我计划要在那里停留多久，一开始的时候我回答4个月（因为那正是我之前的计划），但是很快地，甚至在我自己留意到之前，我的嘴里说出“也许是永远”的话语。

我听到他回应我说：“永远似乎长了一些。”

在接下来的几个月里，我开始更深入参与社区里的生活，我上了更多的治疗团体和静心团体，我也被分派到一个木工的工作（事实上，我的木工技能跟一只大象差不多）。我虽然并没有特别喜欢这份工作，但是我非常喜欢成为社区里的一分子。即使我从来都不是那种会热诚奉献的人，但是我对师父的虔敬与奉献变得越来越多。我觉得自己正处在真理的存在当中，而这种感觉是一种深度的滋养，远比任何我曾经体验过的事物都更为滋养我。以往我极度渴望能够听到真理，但是我从来没有听过有人能够把它表达出来。而现在，我不只是听到真理被表达出来，我还可以感受到它的存在。除此之外，这个门徒的经验似乎远比我曾经体验过的任何事情都来得更为真实。因为在那之前我对真理的追寻似乎只是一种经过各方比较后所得到的概念。

不过，事情并不总是顺畅容易的，我其实充满了不安、觉得自己失去控制又充满了怀疑，而且我非常痛恨当一个不称职的木匠。我渴望能够做些我擅长的工作，我耐心地等待人们来邀请我带领治疗团体。

在我到达社区后的第十个月，那个社区从印度搬迁到美国。一开始的时候只有少数几百个人跟着搬迁到美国新的社区，或许因为我是个医生，而社区需要医生，所以他们要求我跟着过去。在美国，我们开始在俄勒冈（Oregon）的荒郊野外建立了一个城市，其中有着不少的住宅、办公室、一个治疗中心、一个巨大的静心厅堂、一个有商店有餐厅的购物区、两个大型的自助餐厅、一个耕种自己食物的农场、一个生产奶制品的地方、一个医疗中心和一个旅馆。我们花了将近4年的时间来建造这一切。在那段时期里，我们每天工作将近16小时。而我们和师父的接触并不多，因为那时候他开始进入一段保持安静的静修时期，只有每天当他开车去俄勒冈郊外时，他会经过我们旁边跟我们打招呼。

曾经有一次，我有个机会亲自去拜访他，进行一些我在医疗中心的例行工作（那是我许多工作中的其中一项）。在那之前，我从来没有单独和他同处一室，所以我极度的紧张，完全不知道会有什么样的事情发生。当我进入他的房间时，他跟我打了声招呼，然后我发现自己几乎是马上就放松下来了。他所在的房间很美，除了他的椅子和收音机以外没有其他任何的家具。但是那个房间里却有着一种难以形容的宁静与静止，我们共处的时间很快就结束了，当我离开时，他向我说了声谢谢。对我来说，虽然感觉起来没有什么特别的事情发生，但是我的内在却感受到一种深沉的平静。

但是几年之后，社区里发生了一些奇怪而难以了解的事情。当时社区的领导人全都是女人，她们变得越来越专制。在美国的社区也就因各种原因结束了。

当那些事情发生之后，我的内在充满了极度的惊慌和不安。首先是我的梦想破碎了，我一直梦想着和一群志同道合的追寻者一起生活在一个灵性的社区里，接受一个成道师父的引导。这让我觉得自己彻底地被背叛，因为即使师父不知道发生的这些事情，但仍然是他选择了那些女人来经营这个地方，而且那毕竟是他的社区。除此之外我还感受到愤怒与受伤，因为我是那么信任他，我觉得他背叛了我的信任。所以后来我回到了加州，在当地的一个紧急医疗救护中心找到一份工作。几个月后，我回到当初我接受家庭医师训练的同一家医院，进行临床精神科的住院实习。而同时，师父也回到印度原本的社区所在地。后来我和一些回到印度社区的老朋友联络过，但是因为心理受创过重，所以我连想都不曾想过要再回去。

在接下来的两年里，我一直保持着某种距离。但是慢慢地，我注意到虽然内在还有着受伤和怀疑的感觉，但是牵引着我回去的那股拉力也仍然还在那里，我和师父的关系还没有结束。同时，我在住院实习阶段也开始学习到关于人类童年被遗弃的创伤事件，以及这些创伤事件会如何在稍后的生活中重现。这让我开始以一种不同的观点去看待那些曾经发生过的事情，我看到自己内在有些被引发出来的深沉创伤需要治疗。我也看到我和师父之间被背叛的感觉其实是一面镜子，映照出这些童年的原始创伤。所以在我住院实习阶段将近尾声时，我花了一个月的时间休假前往印度。那个月结束后我又再度回到了美国，但是我知道我很快就会再回到印度。所以在我拿到证书后的一个月，我又再一次像十年前一样，离开了我的诊所、我的家以及一份已经结束的关系，再度回到了印度。

我仍然有着不少的怀疑。虽然我的心已经再度的融化，但是我的头脑仍然想要找到答案。有一次我上了一个短期的工作坊，那是由我的一个朋友所设计的工作坊，专门针对那些曾经经历过美国社区经验而又再度回来的人。在工作坊的最后一天，师父的私人秘书来到团体中跟我们分享了一段师父跟她说过的话语。师父对她说，当他晚上出来面对门徒进行演讲时，他认出某些曾经在美国社区生活过的门徒。他非常感动再度看到这些人的脸孔。他知道我们曾经经历过的事情，也知道我们遭受到多大的痛苦。但是他也想让我们知道，我们已经穿越了一个师父能够提供给门徒的最深测试。他说他的每一个社区都是他用来教导门徒的工具。在第一个社区里，我们学习着如何生活并且蜕变自己的生命能量，特别是我们的性能量。在第二个社区里，他教导我们去看到权力的本质以及如政客般的头脑。而在这个最后的社区里，我们要学习的则是静心与死亡。

我不知道为什么，但是那些话语碰触到我内心深处的某些东西，我哭了一个小时，我之前从来没有那样哭泣过，后来也再没有过类似的经验。在那场哭泣之后，我的头脑不再要求任何答案。我深刻地了解到我和师父之间发生的一切都只是一面镜子，映照出我自己内在的过程。外在没有什么事情值得我去怀疑或反弹的，因为说起来根本没有所谓的外在。在那个宝贵的片刻里，我体验到一种深沉的领悟和放下，同时在那样的一份臣服里，我觉得自己内在充满了爱与感激。而且从那时候起，那个片刻就一直与我同在。

在那次经验的几个月后，师父就离开了他的身体，而我在社区里又生活了好几年。当一个师父不再以躯体的方式出现时，我需要放掉师父，放掉师父肉体的形式，接受不再有人能够回答我的问题，也接受我不再能够每天看到他、听到他的这个事实。到最后，我发觉在师父的离开里其实隐藏着他对我们的祝福，鼓励我慢慢去发现，我以往一直向外寻找的引导，其实已经存在于我的内在了。

这个发现让我开始能够跟不同的老师进行学习，却不再有同样的迷惑。那是一个一连串了解与领悟的过程，了解我可以学习，但却不需要放弃自己的力量与聪慧。后来我曾经跟不同的老师学习，但是我可以看到自己内在有些什么已经不再一样了，我无须放弃自己的力量和聪慧，那种时期已经结束了。我无须将我的老师加以理想化或贬损，我可以接受他们的教导，同时清楚看到他们独特的天赋与弱点。

阿曼娜的故事

我想要分享一段我学习信任自己的灵性以及从内在寻找引导的过程。这段过程也和克里希有关联，因为那段时期我们的灵性道路看起来似乎开始走向不同的方向，所以我们的关系碰到了极大的危机。在我们在一起的这些年里，我经历过几次相当大的挑战，虽然每一次的挑战都更强化我对自己的信任，但是在那些过程里，感觉起来就像是在地狱一样，我常常觉得自己再也没有办法承受了。

1988年，我和克里希在一起刚满5年，我们离开我们两人一起生活了多年的社区，一起搬到圣多娜。最初，我们之所以会选择来圣多娜是为了加入这里的一个社区。它是由一个我们在印度所认识且共事过的一名女士所发起的，但是在我们买下房子之后没有多久，她就被诊断出得了癌症，并且在一年之后过世了。她的工作受到我们的师父所启发，她试着通过某些方式把师父的教导运用在每天的日常生活里，所以她创造了一个神秘学校，其中有着某种特定的阶级制度。在她过世之后，这个工作再也没有办法吸引我，而且那些阶级架构对我来说也没有什么实质的意义。虽然后继的经营者仍然按照往日的方式在经营这个社区，但是对我来说，当初吸引我来到这里的那股芬芳已经消失了。

我经历了一段强烈怀疑一切的时期。我非常的痛苦，而且我找不到人可以分享我的感觉。克里希人在另外一个地方，而且我的怀疑让他备受威胁，所以我只能自己去经历这个过程。我花了好几个月的时间质疑一切，最后我终于决定脱离这个神秘学校，不再是其中的一名学生。那个学校非常像俱乐部，从中脱离意味着我需要跟很多的旧识与朋友道别。我不知道自己跟人们的友谊是否能够在我离开之后继续存活下来。

但是我必须对我自己真实，因为如果我留下来了，那只是出于我害怕失去朋友、失去归属感的恐惧，而我没有办法在这种妥协下生活。我深沉的内在呼唤着我去突破一切，找到自己的自由，不再归属于任何一种团体、俱乐部或任何教派，就只是当我自己，不论那意味着什么。我觉得我需要和自己的黑暗待在一起，而不是待在别人的光亮中，这一点远比任何事情都来得重要。我没有办法当那些经营者的学生。

所以我离开了，而克里希继续待在那里，他对于我放弃成为其中一分子的行为有相当大的批判。他没有办法信任我所选择的道路，他觉得我不想再有任何的成长而心生放弃。

一个我深爱的人不仅不信任我，甚至批判我，这一点在我内心打开了一个深沉的创伤。我以前的想法是一个爱我的人必须能够了解我、支持我，并且绝对不能批判我所做的事情或决定。一个爱我的人应该在各种事件上都站在我背后支持我。和克里希在一起，我一直觉得他能够了解我，我也能够跟他分享各种事情，他是一个真正的朋友。但是现在所发生的状况就像是有人突然间抽走我脚底下的地毯，让我措手不及。

我觉得自己全然地被背叛，我觉得自己再也没有办法生活在这种有条件的爱里。但是因为我爱他，我知道我没有办法离开他，我的心不允许我离开。我内在那个充满不信任的声音说："你怎么能够去爱一个不支持你的人、一个批判你的人""你怎么能够和一个没有办法无条件爱你的人在一起"……

待在这种情况中，感受着自己的痛苦，并且一次又一次地听着那些声音，我内在有些事情开始转变了，我开始了解到他是否能够无条件地爱我不是重点，真正的重点在于我是否对自己有着足够的爱，能够尊重自己所经历的这一切。这个情况给我提供了一个机会，即使在全世界都反对我、不了解我的状况下，我仍然能够对自己有足够的尊重与爱，去做自己觉得该做的事情。某种程度说来，我需要经历这些情况，让我看到自己在无意识中向克里希索求的事物，正是我需要从自己内在去寻找的。

外在没有任何一个人事物能够满足我的需要，这带出了我内在一股巨大的空虚、孤单与悲伤。而只有我和自己的这些情绪在一起，通过不去拒绝它们的方式从内在去滋养它们。那是一个测试，它让我内在对于人生方向的感受开始变得成熟；它让我开始去倾听自己内在的感受，即使全世界的人都反对，我仍然能够为它站出来。而且我需要自己一个人经历这一切，这样一个成熟的过程才能够发生。

最惊人的事情是一年之后克里希和学校的经营者发生了冲突，他在那场冲突后离开了。那个事件提供了他一个脱离的过程，从一个他已经参与超过10年的灵性社区里脱离，他经历了一段悲伤、失去朋友和社区的痛苦时期。然后突然间他可以了解某些我曾经经历过的事情，我又再度从他那里得到我曾经渴望的支持与了解。但是这一次它们对我来说已经不再那么重要了，而我可以待在那里陪伴他去经历他自己脱离的过程。

现在，我知道自己当时经历的过程和学校以及他人都没有关系。那是一个考验，让我不再把支持与了解投射在外在，同时让我学习着信任自己、信任生命带领我的方向。并且学习去跟随自己内在的声音，不论那个声音带领我去哪里，只要跟随着那个声音，我就不可能会走错。

第十四章 生活在垂直的向度上
——信任我们的聪慧，把热情带入每日的生活里

在信任生命并且让自己变得更具有生命力的过程中，我们会遇到的最大一个障碍就是：我们会习惯性地溜回到一个安全、和谐且抗拒改变的生活形式，并且让这种生活形式控制我们的行为以及我们看待生命的态度。对于这种讲求安全、和谐、不改变的生活方式，我们把它称为**水平式的生活**。在水平式的生活中，我们难以信任自己的聪明才智，我们也难以信任生命。在这种头脑的架构之下，我们生活在恐惧当中，而且很容易就被自己那充满了恐惧制约的退化孩童所控制。在这样的一个恐惧空间里，我们把自己萎缩起来，我们允许那些伤害了我们的人从身边溜走，而没有注意到他们是如何影响了我们。除此之外，我们和爱人之间不可说的秘密也会变得越来越多，我们无法跟随自己的心去做自己想做的事情，我们也无法表达出真实的自己。

我们变得不诚实，我们让生活中的琐碎细节变得比亲密分享更为重要。我们生活在一种让自己生命力不断削弱的状态中，我们为了爱和注意力而妥协，我们为了讨好他人而放弃了自己生气蓬勃的那一面。我们不再花时间做爱，也不去面对那些让我们不再和亲密伴侣做爱的原因。我们是如此害怕冲突与不和谐，以至于我们会找到各种借口，不说出任何可能会制造出冲突的话语，也不做任何可能会引发冲突的行为。当这种情况越演越烈时，到最后我们用来处理失望、挫折与被背叛的方式就是放弃，我们不仅会放弃那个让我们感到失望的人，甚至有时候干脆就放弃了我们对爱与生命的希

望。就算是我们仍然和那些让我们感到失望、挫折的人待在一起，我们也不去处理对方在我们身上所引发出来的失望与伤痛，而是直接封闭了自己的心。所以我们的关系逐渐地变得越来越疏远，越来越表面化，到最后我们的关系终于枯竭而死。水平式生活以一种隐性而细微的方式在我们身上不断地蔓延扩散，它让我们的生活和亲密关系蒙尘、干枯而变得陈旧不堪，它也让我们感觉极度的忧郁以及心生放弃。我们甚至可能会发现自己的生活和我们的父母亲是那么的类似，有着同样的老旧模式以及类似的担忧、恐惧和习惯，而早已失去了生命中原有的喜悦和惊喜。

垂直式生活的生命形态

如果我们愿意把冒险和诚实带入生活中，那么我们可以开始过着一种**垂直式的生活**。这么一来，我们内在对于真实的热爱，对于生命的热爱，对于让自己被生命和他人所感动的热情会开始苏醒，我们也开始能够带着尊严和喜悦来生活。当我们以一种垂直式的方式生活时，我们生活中重要事物的先后顺序也会跟着改变。然后我们不只是允许改变出现，我们甚至会欢迎改变的出现，我们会倾听自己的直觉并且尊重自己的生命能量。我们不再在意别人对我们的看法，我们在意的是如何能够更忠于自己的心。我们会变得诚实，不再隐藏自己，而通过这种诚实的生活，内在一股巨大的能量被释放出来，我们开始能够以自己为荣。我们也会变得越来越不愿意妥协自己、出卖自己，我们会留意到自己人际关系中的困扰，并且在这些困扰出现时就予以清除。我们的生命能量会开始燃烧，让我们变得越来越不为思想与头脑所占据，也越来越能够生活在我们的心和身体当中。

从一个较为宽广的角度来说，当我们能够以一种垂直的方式生活时，我们开始臣服于自己生命能量的自然流动，我们不再以一种对抗存在的方式生活，而是以一种融入存在的方式来生活。

在这里，我们突然回想起一个曾经从学员身上所听过的故事。玛丽亚和双亲住在一起，在她对静心产生兴趣之后，她开始尝试各种不同的静心，甚至一段时间之后她还参与了一个长时间的静心僻静。当她僻静结束回家之后，她的父母（一对传统的天主教徒）和她坐下来面对面地谈话，他们说她的行为已经开始走上了一条罪恶的道路，除非她放弃她这些新的方式，否则他们会切断她的经济来源，并且要她马上搬离家里。玛丽亚渡过了一个糟透了的夜晚，整个晚上她都试图决定自己该怎么办，隔天早上，她告诉父母亲她决定离开。离家之后，她一个人在街上充满了恐惧，因为她没有工作、没有家也没有任何的支持，但是一个掠过脑中的念头让她坐了下来，在笔记本上写下了当时重要事物的优先级。她写着："第一，我需要找到一份工作。第二，我必须找一个住处。第三，我需要回到我做静心僻静的地方，继续我的静心。最后，我需要持续的学习，并且找到一种让我能够感到热情的工作方式。"在那之后，她很快地找到了一份工作和一个住处，接下来的几年她投入更多的时间和资源去深入静心，并且参与了一个指压的训练课程，那是她热爱的一种身体工作。虽然，目前的她，要以身体工作的方式来维生仍然不是一件容易的事情，但是她无惧于种种的障碍，坚持过自己想要的生活。

我们内在恐惧的声音或许会说"要做自己真心想做的事情是不可能的一件事"，如果我们听从这些恐惧的声音，那确实会变成一件不可能的事情。但是当我们朝着垂直生活的方向跨出第一步时，我们会很惊讶地发现整个存在是多么地支持我们。许多年前，我

（克里希）曾经在一个叫作“生命之源”的机构参加过一系列人类潜能开发的训练，在其中一个团体里，其中一位治疗师曾经说过一句到现在仍然让我感到印象深刻的话语，那就是：“当我们为自身的限制辩解时，它就变成是我们的限制。”

当我们过着一种水平式的生活时，由于我们的恐惧，我们会阻碍生命的自然流动。而当我们以一种垂直的方式生活时，我们开始有意愿去穿越层层恐惧、接受生命所提供的冒险，并且开始信任自己的直觉。当我们以一种垂直的方式生活时，我们会欢迎任何一种感觉，不论那是痛苦还是愉悦，我们会把它当成是存在的礼物来迎接它。我们不再让自己永无止境地被压力所逼迫，我们也不再伤痛悲苦。垂直式的生活是生活在信任中，而水平式的生活则是生活在不信任里。

迈向垂直式的生活

基本上说来，是我们对于真理的了解与热情让我们得以脱离水平式的生活，而开始过着一种垂直式的生活。但是在我们迈向垂直式生活的过程中，仍然有些实际的步骤可以支持这个转变的过程，比如冒险就是其中非常重要的一步。而在诸多冒险中，其中一项就是鼓起勇气脱离自己的原生家庭，而这也是我们之前相当重视的一个主题。因为根据我们过去的经验，我们发现脱离原生家庭与否对于个人的成长有着关键性的影响。当我们一直和抚养我们的亲人保有羁绊，而不试图进行任何脱离的行动时，我们会在不知不觉中接收到他们无意识里的负向模式和恐惧。

而我们大部分的人都诞生成长于一个水平式的生活环境里，所以除非我们有所突破进行脱离，否则这种以恐惧为基础的思想形式会不

断地紧抓住我们。而且更重要的是当我们和自己的原生家庭保持牵绊时，我们也会持续地紧抓着我们从小就接收到的自我认同，而这些自我认同往往是由羞愧、不值得被爱还有无价值感所构成的。紧抓着这样一种自我认同，只会让我们更难找到属于自己的真实与聪慧。

在垂直式的生活里，另外一个重要的向度就是学习设下界限，而这也是我们之前曾经提过的一个主题。

几年前，我（阿曼娜）回到丹麦去探访家人，当时我们决定外出用餐。由于我母亲是镇上相当有名的商业人士，所以她非常担心我们的表现，而我们用餐的那家餐厅正是我母亲的客户所开的，所以她更希望我们能够给对方一个好印象。当天在晚餐一开始的时候，我想要点一杯茶来喝，我的母亲马上不高兴地说："在丹麦这里没有人会用一杯茶来开始你的晚餐。表现得体一点，你可以点一杯啤酒或红酒。"所以我从小到大所接受到的制约"不要做任何奇怪、不正常的事情"又再度出现在我的眼前。

只是这一次，我终于拥有足够的力量和勇气对我的母亲设下我的界限，我对她说我要我的那一杯茶，不然我会马上离开，再也不回来。对我来说，我再也没有办法接受她这种告诉我"该做些什么、不该做些什么"的方式，而且她再也没有权力干涉我的生活和我的决定。当时我感觉非常的愤怒，但同时我也准备好为自己的行为结果负起责任。我再也没有办法在那样的干涉中和她相处。

然后最令人惊讶的事情发生了，她完全软化下来向我道歉，并且跟我解释了她的状况。她说当她发觉自己跟别人有所不同时总是会让她感到恐惧。她的话语让我内在某个部分软化了下来，我们又再度能够互动与联结，而且从那时候起，我们之间的关系开始变得深而亲密。

当我们开始以一种垂直式的方式生活时，那也意味着我们会开始往外寻找情绪和心灵上的启发与引导。因为在日常的琐碎生活细节中，我们很容易就会掉进例行公事和精神不振的状态里，让我们的头脑和信念系统因此而变得僵化。

在垂直式的生活中，生命不断地提供各种挑战

在生命里，我们会不断面临水平式生活和垂直式生活的抉择。有时候，这些抉择也和生活中某个重要的转变有关，例如结束一段名存实亡的关系或停止一份不适合的工作，而开始寻找某些新的事物。即使这些新的改变可能会减少我们在经济上的安全感。但也有些时候，垂直式的生活不见得一定会有多么明显而戏剧化的改变，有时候它只是呼唤我们变得更为诚实与敞开。

我（克里希）有一个认识超过20年的亲密朋友，我们有着同样的灵性导师，并且生活在同一个社区里许多年，后来我们两个人又一起搬到了圣多娜。就在几年前，我们之间发生了一个相当大的分歧。在圣多娜，我们都是同一个静心社区里的成员，但是我后来却因为和社区经营者的意见不合而选择离开。我是在一个让我觉得被背叛以及没有受到尊重的会议后决定离开的，当时我的朋友也参与了那次会议，但是在整个的讨论过程中他一直都保持沉默。他没有站出来为我说话的这件事情让我感到难过和受伤。虽然当时我并没有意识到自己的受伤感有多严重，但是我注意到自己开始疏远他，同时我也开始批判他。我批判他是一个胆小鬼、没有勇气站出来为朋友说话，而且还继续待在一个我认为已经缺乏诚信的地方。

我没有说出我的批判，但是他知道我的感觉。最后有一天我决定要好好地清理一下我们的关系，所以我们坐下来谈话。我让自己发泄了我所有的批判，我的受伤、失望和愤怒，然后轮到他表达他的状况。我们对着彼此大吼、哭泣，但也在那个过程中，我开始接触到自己不被了解、受伤还有被背叛的感觉，同时也向他表达了我对于他没有站出来为我说话的受伤与背叛感。我告诉他我再也没有办法把他当成一个值得信任的朋友，因为我觉得他应该要站出来为我说话，再不然他也应该要了解我在那个过程中遭遇了多么大的痛苦。

也在这一次面质当中，我发现这整个事件引发了我被背叛的深沉伤口，至于我的朋友他只不过是带出这个伤口的媒介，因为长久以来，我内在一直存在着一个觉得自己没有得到支持的伤口。这个事件之所以让我觉得受伤，是因为我觉得自己失去了一个亲密的老朋友，而这份受伤的感觉隐藏在“愤怒”和“疏远”的背后。不过在我们那次充满火花与诚实的会面之后，我注意到自己对他的感觉慢慢地有所转变。我的心再度地向他敞开，我对他的批判也消失了，即使他继续待在那个社区里的这项事实也不再影响到我对他的爱。

处理我们被背叛的伤口

在垂直式的生活里，我们需要找到某些方式来面对及处理那些不断从日常生活里出现的经验，像是被背叛的经验。虽然我们曾经用许多不同的方式来处理被背叛和受伤的感觉，但是最简单的方式是接下来我们要介绍的这个方式。即使我们在这里介绍的是我们自己的方式，但是在我们发觉这个方式的过程中，我们从里奇·勋伯格和珍妮·密斯里（我们的好朋友）那里得到许多启发，他们两人

也都是在圣多娜工作的治疗师，他们发展出了一个叫作“情绪旅程”的卓越方式，这个方法即将出现在他们的一本新书里。

第一步：脱离“放弃”的状态，开始觉知到自己正受到干扰。

当我们受伤时，我们多数人习惯性的反应就是抱怨，然后要不是心生放弃，就是假装不在乎。但是当我们进入这种习惯性的反弹行为里时，我们不仅让自己的生命能量不断地滑落，并且不断地强化自己的不信任感。这样一种方式只会让我们生活在水平的向度上，所以如果我们想要转换到垂直的向度上来，我们需要仔细地审视自己这种试图维持和谐、保护他人或避免冲突的机械化习惯。大多数的时候，这些都是我们童年时期学习到的行为，我们用礼貌和肤浅取代了对感觉的诚实与敞开，然后在日后的生活里我们不断重复这些模式。要脱离这些习惯，我们需要觉知与冒险。

当我们开始这样一个自我探索的过程时，我们甚至不见得会觉知到自己对于身旁人们的放弃感有多深。常常我们需要极为诚实地审视自己，才能够真正看清楚这个事实。而当我们开始仔细去检视时，我们会发现当我们没有表达出自己的失望与受伤时，我们的生命能量是如何往下掉落。我们可以看见自己如何疏远那个让我们觉得受伤的人，有时候甚至根本就直接切断关系。我们也可以看到自己是如何批判对方，贬低我们和对方之间的友谊或爱。如果对象是爱人的话，我们还可以看到自己的性能量是如何降低与消失，我们的信任又是如何饱受损伤。通过所有这些方法，我们把光亮带进到我们紧抓在心里的伤痛。

第二步：“在意它”——对我们自己和他人保有足够的在意与关切，以便去感受和表达我们自己的受伤。

要能够充满热情地生活以及找回自己生命能量的自然流动，我们需要能够反转我们在幼时所学习到会破坏关系的不良习惯。当我们开始珍惜自己的友谊，珍惜我们生活中的重要情谊时，我们将很难轻易切断与人们的关系。而且当我们开始承认自己的感觉和自我价值时，我们也才能够去重视自己受伤的感觉，进而愿意去感受它们、表达它们。生命是如此的短暂，光阴是如此的可贵，如果我们不去面对自己受伤的感受，如果我们不在乎自己，也不在乎我们所拥有的友谊，那么未来有一天，我们很可能会发现自己置身于极度的孤立与孤单中，为自己曾经有机会表达却没有表达的情况后悔不已。

当我们开始去“在意”的时候，那也意味着我们开始去感受那些不那么舒服的受伤。以往我们之所以把自己封闭起来、不愿意表达自己的受伤，就是因为我们不想去感觉，或是害怕随之而来的后果。也有些时候是我们的骄傲影响了我们，不愿意去感觉自己其实受伤了。所以在这种情况下，假装“对方对我们来说一点也不重要”会比承认“我觉得受伤了”要容易得多。当然也有些时候，我们之所以会切断对一个人的感觉，是因为我们不愿意去看到自己其实是如何伤害着对方，我们不想看到自己内在的这一部分。

“在意”常常意味着我们需要从表达自己的批判和愤怒开始，有时候甚至需要允许自己被批判。当我们能够这样做的时候，它不仅让我们的能量开始自由，也让我们能够去感受自己的受伤和脆弱。通常我们很难向他人承认我们的批判，因为我们觉得那会为对方带来极大的伤害。但是事实上，在大多数的情况里，人们其实早已经感受到我们的批判。除此之外，要表达我们的责怪也不是一件容易的事情，但是有时候那是唯一能够让我们点燃能量，不再掉入放弃模式中的方式。当然，如果我们一直停留在谴责的状态里，那对我们的成长没有任何的帮助，那只是一种毒素。但是如果我们想要超越谴责，开始去感受自己的受伤和脆弱，那么把自己的谴责、愤怒和挫折表达出来会是一个非常好的开始。

对许多人来说，要表达愤怒是令人感到害怕的。因为对方能够承受我们的愤怒吗？我们能够承受自己的愤怒吗？我们能够接受自己的愤怒吗？事实上，愤怒是一种能量，如果我们感觉到愤怒，那表示我们确实是在意对方的，否则我们根本就不会生气。因此，当我们愿意去感受到自己的愤怒，并且把它表达出来时，它会打开我们的伤口以及那个脆弱的空间。而通过这个愤怒，我们也给予了对方一个伟大的礼物。

我们每个人在情绪上是这么不同。我们有些人从来不知道什么叫作愤怒，所以当我们开始接近或想到某个引发被背叛感觉的人时，我们唯一能够感受到的只是惊吓或冻结住的感觉。根据我们的经验，感受自己所受到的惊吓与表达愤怒两者都是非常重要的事情，因为其中任何一种方式都让治疗得以开始发生。有时候，那些存在于惊吓底下的愤怒可能会自己浮现出来；有时候，只是让自己去感受惊吓，我们已经直接联结到自己的伤口和脆弱。在这个过程里，重点并不在于制造出某些不存在的东西，而是让我们和自己的感受待在一起，进而去感觉它们以及表达出它们，不论那是什么样的情绪。

有时候，把你的情感分享给那个引发出你背叛感的人不见得是一件实际或适当的举动，有可能这个人已经过世了，或是他没有办法接受、他不愿意接受，或者我们根本就太过于畏惧而无法接近对方，更别说分享了。但是即使对方不在场，我们仍然可以允许自己在一个安全和中立的环境里，在朋友或治疗师的陪同之下，让自己离开那种放弃的状态，开始重新去感受自己的情感和伤口。在这个步骤里，最重要的是我们是为了自己而去感觉这些情绪，也是为了自己而把这些能量表达出来。

我们这么做不是为了要改变对方，因为对方只是一面镜子，让我们能够看到自己内在某些需要带到光亮底下的部分、需要治疗的部分。

第三步：愿意去感受自己的伤口与脆弱。在这个阶段里，我们把能量和焦点带离对方的身上，把它们带回到自己身上来。

这是所有步骤中最重要的一步。不过，要能够穿越那些批判、愤怒和谴责，开始接触到自己的伤口，并且感受到伤痛与难过需要很多的能量与关怀。那就是为什么前两个步骤是必要的，因为当我们开始去感受自己的伤口时，我们就不再把焦点放在对方身上，我们也不再是个受害者。这些伤痛是我们自己的伤痛，而且这些伤口已经存在好长一段时间了，对方只是引发我们伤口的一个触媒而已。通常也是在这个阶段里，我们会开始觉知到这个被背叛的感觉让我们回想起自己更早期的类似经验。而当我们能够深深地联结到那最初、最原始的背叛经验时，那将会释放掉无比的能量，让能量能够回到当下片刻自由地供我们使用。当然，这并不表示我们需要一再地回到过去，重复经历那些创伤和痛苦。只是生活中这些会引动我们情绪的事件都是一个好机会，帮助我们释放掉那些深锁在过去的能量。

重新建立起这样的一个联结让我们能够为自己的生命负起责任。而且从一个较为宽广的角度来说，我们也不断地生活着、看着一个生命故事的展开历程。这个故事开始于我们最初曾经遭遇到的创伤，故事的中间则是创伤的重现，而故事的尾声则是当我们能够允许自己深深地感受到自己的痛苦、恐惧，接受自己的伤口，带着爱与慈悲来拥抱自己的创伤，并且接受、了解自己的人性化的部分。这是一个再度回到自己内在的家的故事。

第十五章 整合——一个渐进的人性化过程

整合带来一种深度的接受。接受我们自己的样子、接受我们自己的缺点、接受自己不完美的部分，也接受所有那些为我们带来伤痛和恐惧的过去事件。整合所带来的接受也包括了对那些我们出于无意识而曾经给他人所带来的痛苦。整合并不表示停止成长，我们会一直成长直到我们老死。但是整合确实意味着我们开始放下希望自己有所不同的努力，也放下我们对于目标、改变、进步或提升高层意识的努力。一旦当我们开始接受自己时，我们会变得更人性化、更平易近人、也更放松与柔软。

在我们的工作坊当中，我们常常会通过一个活动让人们来探索受异性欢迎的原因。这个活动已经行之有年，而我们觉得它非常的有趣，因为非常矛盾的是，一个人具有吸引力与否跟外表和体型都无关。有没有吸引力取决于一个人自我接受的程度，放松地安住在自己内在的程度；取决于一个人是能够允许事情发生，而不是试图去掩盖掉自己的不安与恐惧。

当我（克里希）第一次开始这趟觉醒之旅的时候，我所有的注意力都放在如何“到达那里”的目标上，不论那个目标是改变我的意识、让自我变得越来越自由，还是成为一个全然清醒的个体。然后一开始的时候，我满心期待着，也确实体验到了巨大的转变，我对自己的感觉改变了，我的生命能量改变了，我敞开自己的能力和感受自己的能力也都改变了。但是一段时间之后，改变变得越来越不明显，越来越难以区辨。我开始注意到我的自我、我自我防御的部分不如想象中消失得那么快，我的恐惧和不安全感也还是在那里，我不得不接受这个事实：改变常常是令人沮丧的缓慢。这个敞开自己和信任的过程感觉起来极度的细微与缓慢渐进，不但没有什么实质上明显的结果，还常常会有倒退的现象。所以对于自己身上我不喜欢的那些部分，我也不得不平静以待。

学习不带着期待生活

因为我们对自己的认同与执着是如此的深，以至于我们没有办法保持距离清楚地看到自己，也因此在我们的成长旅程中，我们常常会无法欣赏那些已经发生在自己身上的转变。此外，由于我们许多人都对自己有着严格的高标准，所以当倒退的现象发生或不信任的感觉接管一切的时候，我们内在的批判会变得更为严苛与强烈。当我们受到羞愧、拒绝、失落感的袭击，当我们在自己身上发现我们不喜欢的行为，感受到愤怒、悲伤、无聊、易怒等不舒服的情绪时，我们很容易就会认为自己没有什么改变。我们觉得自己跟过去一样的负向、愤怒、挫折、无用、泄气以及易怒。

最近，两个曾经跟我们一起工作过多年的个案写了封痛苦和无助的信给我们。在她们进入一场美好的恋爱事件之后没有多久，她们的男朋友都离开了她们，回到前任女友的身边。这两名女子认为既然她们已经为自己进行过如此密集的工作，不断地检视自己的模式，也不断地感受自己的伤痛直到没有任何一滴泪水被遗留下来，但是事情居然没有任何的改变，她们完全没有办法了解为什么事情会是如此。老故事又再度发生了，她们又再度被自己所信任且敞开的男人所拒绝。她们问说她们还能够做些什么？还有多少的内在工作需要进行？什么时候这种情况才会结束？什么时候爱才会真正的来临？她们在自己的内在工作上做错了什么事情吗？还是她们自己身上有什么严重的错误，以至于这种事情不断地发生？还有什么是她们需要再继续学习的？

我们许多人会犯的错误之一就是认为当我们在自己身上密集的工作、感受自己的伤痛、穿越所有的哀伤之后，我们就会得到某种神奇的爱情作为奖赏。如果我们带着这种期待在进行内在的治疗工作，那么我们仍然还在水平的世界里，我们那个等待奖赏到来的退化孩童，就会在事情不如预期时感到失望沮丧。但是，生命并不是如此地发生着，没有任何事情能够保证当我们准备好的时候，爱就会来到我们的生命里洒下祝福。我们唯一能够做的就只是敞开自己，去接受存在想要教导我们的课题、接受存在给予我们的事物，以及接受那些已经呈现在我们眼前的事物。我们唯一能够做的就是停止对抗，开始享受当下事物所具有的美。换句话说就是放下我们认为事情应该如何发生的概念，就是接受生命中所有的痛苦与欢愉。

大部分的时候，那些发生在我们意识上、人际互动上、自我价值上的转变是极其细微的。如果我们只把焦点放在某个特定的目标上，那么我们会因为无法看见自己的转变而失去信心。重要的是去觉知到自己生命中这些细微的转变，并且接受自己有时候确实会觉得有所倒退的现象，确实会觉得自己和过去没有什么两样。

拥抱自己的阴暗面

比较起来，拥抱自己的伤口似乎要比拥抱自己人格上的阴暗面来得容易许多，因为人格的阴暗面里往往都是我们自己不喜欢的部分，像是自己消极、不诚实、恶劣、愤怒、报复、比较和自我防御等的部分。我们需要了解的是这些阴暗面并不是我们存在本质里的缺失，而是来自对于生命和他人深度不信任的结果，而且我们的行为与思考的方式也不过只是一种生存机制，来自我们长年累积的恐慌和受伤。长久以来，我们一直深信不疑地认为这是我们唯一的一种生存方式，当我们的生存受到威胁时，我们很自然地会去倚靠这些策略。因为对内在小孩来说，当我们被背叛的伤口被引发时，那是生死攸关的事情。

我们很难不去批判这个部分的自己，但是一旦当我们开始批判自己的时候，那么我们就很难在这些阴暗面出现时仍然保持待在当下。

像是我（克里希）有着一个极为暴君和自私的一面，我不喜欢它们，但是它们确实在那里。这是我家里所有男性成员所共有的特质，而我也继承到这个部分。当这股暴君与自私的能量出现时，如果我是在一个安全的环境里，比如说我是以一个学员的身份参与治疗个案或团体的话，那是一回事，但是如果这股能量是在我的日常生活出现时，那又是完全不同的另外一回事了。要我在日常生活里去接受这种感觉和行为是非常困难的一件事情，因为我可以看到这些行为给我和身边的人造成什么样的伤害。我没有办法想象如果我呈现出这个极度“未进化”的阴暗面，有任何人会愿意爱我。但是，压抑它或假装它不存在只会让它更间接地呈现出来，也只会让我变得更批判、嫌恶、易怒、谴责他人和郁郁不乐。所以，通过了解它们从何而来，我学习着去接受自己阴暗的那些部分。而且每当我记得的时候，我就让自己去联结那些在阴暗面底下的伤口。对我们大多数的人而言，善待我们原始的愤怒是一个持续不断的过程。

给予“爱”更高的优先权，而不是争谁对谁错

某种程度说来，我们的亲密关系是最能够清楚映照出自己的一面镜子，它反映出我们成熟和信任的程度。然而也是在亲密关系这个领域里，我们得到最多的练习机会。在工作和创造力的领域里，如果一个人想要把自己缺乏整合的部分，隐藏在他杰出的才能和野心的驱动力背后并不是多么困难的一件事；所以，当一个人生命的焦点都只在于成就的话，那么即使拥有杰出的事业，但是内在欠缺深度的整合也就不是多么重要的一件事了。我们可以是富裕、有权势、工作上的成就无人可及，但是我们与他人联结和保持敞开的能力却仍然可能是枯竭、孤单且未曾得到满足的。在我们的工作和在那些不那么亲密的人际关系中，我们仍然可以继续保持旧有的认同、自我防御与情绪化的行为，而不会引起太大的麻烦。当工作和成就被视为生活中优先级上的第一位时，人与人之间的敞开与交流很自然地会被搁置脑后，这是经常上演的事情。

然而在我们的爱情生活里，我们就是没有办法一直停滞在旧有的习惯里，然后还期待爱、信任与滋养仍然会持续不断地发生。如果我们真的这样做的话，原本存在于两人之间的爱也会日渐枯竭而死。在生命里，没有什么事情是静止不变的，生命能量不断地流转、前进着。两个人之间的爱与亲密感如果不是变得越来越深、越来越牢固，那么它们就是会变得越来越肤浅与脆弱。而想要有意识

地再次敞开自己、深入自己内在脆弱的空间，一个人需要付出相当的承诺与意愿在自己身上努力。

我注意到我（阿曼娜）很容易就会进入到一种只顾着做我自己事情的空间里，在这种空间里我觉得非常的舒适，但是在这同时，我和克里希或其他人都不会有多么深刻的联结。这是我内在一个经过长久发展的空间，也是一个我可以把自己藏起来的空间。我在年龄很小的时候就找到了这样一个空间，因为当时在我的生活里，我找不到任何人可以建立情绪上的联结。所以对我来说，我常常需要做一些意识上的努力才能够离开我内在的庇护所，而开始去跟人们进行实际上的联结与互动。要我敞开自己、分享自己真的是一件不容易的事情，也因此我的内在小孩总是会不断地检查外在的情况，检查周围的环境是否安全到我可以呈现出自己脆弱的那一面，也检查他人是否有空间接受我脆弱的这一面。

当整合开始发生在我们的人际关系上时，我们会发现自己比较愿意给予爱更高的优先级，而不再把我们的需求、对错及是否保有控制权等看得那么重要。我们也会发现自己会开始为自己负起责任、往内审视自己，而不再那么机械化地进入谴责与抱怨。

当我们变得成熟时，我们会发现自己开始有能力去选择爱，而不是选择冲突。因为我们已经清楚地知道自己的行为会导致什么样的结果，而我们也厌倦了那老是不断重复的剧本。然而更重要的是，我们不再需要依赖他人来满足我们，我们比较有能力独处、有能力和自己在一起，就算是他人无法陪伴我们或是让我们感到挫折时，我们也不会因此而有什么太大的问题。

整合为我们带来一种能够包容挫折感的能力，当我们能够学习去包容挫折和痛苦时，那意味着我们不再需要去经历和处理每一件发生摩擦的事件。虽然碰到问题时，沟通、面对以及表达自己的受伤感是很重要的一件事，它们绝对比压抑或冷战的方式要好得多，但是当我们内在拥有越来越多的空间时，我们比较能够放下那些过去让我们轻易反弹的事件。不过，请记住一点，我们在这里所说的并不是压抑，这是其中一个非常重要的差异，也是人们常常容易产生误解的地方。

我们退化的孩童大概会一直不断地有所反弹与自我防御。但是慢慢地我们开始获得一种更为宽广的能力，能够保持一段距离去注意自己的伤痛与反弹，并且能够了解伤痛的源头。那么一段时间之后，当我们再度被某些事情所引发时，我们也比较能够在旧有的反弹模式和新的自处方式中做选择。然后当我们内在的空间变得越来越宽广时，我们就更能够选择和自己不愉快的情绪待在一起，而不是盲目地反弹。或许，我们旧有的模式是谴责、切断关系、隔绝孤立、默默地感受自己的伤痛而不做任何表达，但是一段时间之后，我们可以看到这些旧有的模式就像是一条我们曾经走过无数次的黑暗道路，而且我们知道那条路只会通往更深的隔绝、伤痛或更多的冲突。所以，我们开始愿意用不同的方式去回应这些伤痛与易怒。旧的方式不会那么快地消失，但是当我们开始有所整合时，我们会开始选择某些新的东西。然后我们内在的感激会日渐滋长，感谢我们所得到的一切。

发展出面对深渊的情绪基础

曾经有这样一个故事，一个男人从一个山崖上坠入一个无底的深渊，当他下坠时，他抓住了一个树枝，让自己不再继续往下坠落，但是他也就从此悬在那个枯枝上。往上看着天空，他大吼着："有人在那里可以帮助我吗？"

一个隆隆的声音从天堂出现："放手！"

这个人想了一会儿，然后说："还有其他人在那里吗？"

很多年的时间，我们灵性上的师父一直在对我们诉说着关于学习面对"空无"的课题。他透过静心教导我们，也让我们看到我们每一个人在本质上都是赤裸裸的，我们所有的财产、爱人、自我认同与一切的成就作为都没有办法掩盖这个事实。不论我们做什么，我们都无法逃避去面对这个空间，而且所有我们认为能够带来意义的事情终究会消散，因为它们基本上没有任何的实质性。听到这些话语或是在深沉的静心里体验到这些话语的意思是一回事，但是把它们整合进入到日常生活里又是另外一回事。平常，我们借以支撑自己的是工作、孩子、物质、活动、认同感等我们认为能够为我们带来意义的事物。

只要这些活动还能够让我们持续地忙碌，只要这些自我认同还能够为我们抓住某些意义，我们就不用面对自己的空无。通常，我们没有办法看到种种自己架构起来的自我防护都只是为了不要去面对这份空无，直到我们真的经历过某种深沉的失落或疾病的痛苦之后，我们才会看到这一点。但是在我们觉知的某个角落里，我们对于自己极力逃避的空无其实有着一份"知晓"。某种程度说来，敞开自己去感受这份空无是对信任最深的一种测试。我们要如何才能找到自己内在的空间，并且带着信任进入空无里，让空无为我们打开一道伟大而深沉的智慧之门，而不是让自己为空无所吞噬？

当我们面对空无时，我们所需要的情绪力量来自诚实且诚恳地面对自己的恐惧，以及那些深埋的伤口。而当我们开始发展出这个部分时，我们可以逐渐地往前进展，看透幻象的面纱。我们内在退化的孩童不想要、也没有能力看到这一点。但是在我们内在的某个部分，我们知道这份自我认同像是一座沙堡一样。

最近，我们和一对伴侣进行个案，他们两人之间出现的其中一项问题就是女方有酗酒和性虐待的历史。她告诉我们，她之所以喝酒是因为她觉得自己内在有着如此深沉的空虚感，只有酒精能够帮助她去面对这个世界上人与人之间的暴力与空虚。当我们从自己受创伤的孩子眼中来看待生命时，深入自己内在的空无会像是一场无止境的噩梦。但是，只要我们愿意深入内在，愿意去感受并且允许自己的伤痛和恐惧时，我们很自然地会开始再度联结到自己的力量、自己的根以及对自己的爱。而这些部分会慢慢地在我们的内在建立起力量和联结感，成为我们面对空无时的基础，并且透过空无而联结到真正的信任。真正的信任不仰赖于任何外在的事物，真正的信任根植于我们自己的本质以及我们和整个存在的联结。

结 语

几年前，我们工作坊中的一个学员问我们是否准备出版另外一本书，当时我们告诉她，我们正在准备着手写这本以“信任与不信任”为主题的书。

她说：“这是一个有趣的主题。你们拥有信任吗？”

那精彩的瞬间，问这个问题的人是再天真不过了，但是这个问题却让我们直指性命般地正视我们正在进行的计划。能够带着信任地生活是一种极高的境界，当我（克里希）去想象真正的生活在信任中会是什么样的一种情景时，我的头脑受到极度的惊吓，“什么？再也没有怀疑、自我批判、恐惧与谴责？！”在我身上，这些部分多得不得了。在我曾经遇见过的人之中，只有一个人身上散发着这种真正生活在信任中的质量，那就是我们两个人灵性上的师父。

后来，我们是这样回应那个学员的：“对我们而言，学习信任是一生的课题，所以这本书也是为我们自己而写的，用来帮助我们自己的学习。我们也仍然不断在学习着如何生活在信任中。”对我而言，能够与人们一起工作是项伟大的殊荣，因为那迫使着我们不断地看、不断地询问，也让我们不断地努力面对自己，也对他人诚实以待。有时候，当我们在教学的时候，我们听着自己说出来的话，心里狐疑着这些话语是从哪里冒出来的。因为许多时候当我们面对团体成员说话时，就好像我们也在对自己说话。

总而言之，根据我们自己的经验，信任的质量是一种深度灵魂追寻后的结晶，它与“生命是如何对待我”，以及“他人又是如何对待我”毫无关联，而是与“我们是否能够学习信任自己”有关。要能够信任，我们需要能够先信任自己。在这里，我们想要和你分享一段来自我们灵性师父的话语，它虽然简短，却深具启示：

“每一个个体需要能够直接接触到整个宇宙、宇宙的美，还有那无与伦比的辉煌，因为那将会毫不费力地创造出一份感激、一份虔敬的心情、一首歌或一支舞蹈……我支持个体性……但是你会需要无比的勇气去对抗且伸张你的个体性，不论那会带来什么样的后果。

你需要学习先爱你自己，先敬重你自己。那会带给你无比的滋养，然后它会开始在你的周围散布开来。”

——《嗡嘛呢叭咪吽》